William Shakespeare

Le Conte d'hiver

*Préface, traduction et notes
d'Yves Bonnefoy*

Gallimard

L'ensemble du volume a été revu par Yves Bonnefoy
et accompagné d'une bibliographie pour les besoins
de la présente édition (1996).

« ART ET NATURE » :
L'ARRIÈRE-PLAN
DU *CONTE D'HIVER*

I

En un point du Conte d'hiver *où toutes ses voies se croisent, Shakespeare semble se désintéresser de l'action pour poser un problème philosophique, la relation de l'art et de la nature.*

Et pourtant, s'il avait voulu se donner, ou nous offrir, un peu de répit après tant de scènes violentes, tant de souffrances et de folie, il n'aurait eu qu'à puiser dans les rumeurs et les rires, et la musique déjà, d'une fête qui se prépare. Car c'est à une célébration saisonnière, la fête de la tonte des moutons dans une ferme opulente, que vient d'arriver Polixène, roi de Bohême.

Mais il y a chez Polixène, et deux jeunes gens qui sont là aussi, des préoccupations qui soit ne les incitent guère à se divertir, soit les font s'attacher à la signification de ce jour de fête avec une gravité, une ardeur qui feraient juger incongru un simple intermède de danse et de chansons paysannes. Et d'autre part ces arrière-pensées, et cette fièvre et cette émotion, s'expriment d'une façon qui appelle certes à réfléchir à une question très voisine de celle de l'art et de la nature : la question de l'apparaître et de l'être, celle de l'illu-

*sion et de la vérité que cette illusion dissimule, parfois de
façon intentionnelle et perverse.*

C'est sous un déguisement, en effet, que le roi de Bohême
vient d'arriver à la ferme, car il veut ainsi surprendre son
fils, le prince Florizel, qu'il soupçonne de désirer se marier à
une bergère. Et celle-ci — qui est d'ailleurs, tout autant que
son amoureux, l'enfant d'un roi, mais elle l'ignore encore —
s'est elle aussi travestie, avec Florizel, sauf que ce n'est cette
fois pour tromper personne, bien au contraire : en vêtant son
ami en jeune berger, en se couvrant de rameaux de fleur
comme Flore venue sur terre, elle entend simplement montrer,
en ces heures du plein été, que la vie humaine est divine en
son essence ; et que « the great creating Nature » doit
bien, d'une façon ou d'une autre, être restée à l'abri du
péché originel. Le roi et la bergère paraissent déguisés devant
nous, ils ont travaillé sur leur apparence, et nous qui en
sommes témoins, nous ne pouvons donc que penser que pour
ce faire il leur a fallu quelque art, avec même, de la part de
la jeune fille, un vrai talent instinctif, si honnête et franche
soit-elle : puisque Polixène la trouve bien séduisante. Le problème de l'art et de la nature, en ce moment qui pourrait
surprendre, se pose ainsi comme de lui-même. Un esprit élisabéthain, auquel il est familier, car ce « paragone » a hanté
le Moyen Âge et la Renaissance, ne pouvait qu'y penser
quand il voyait en ce début du quatrième acte « the mis-
tress of the feast », *parée comme Botticelli l'eût aimé,
accueillir ce roi masqué d'une fausse barbe.*

Mais ce ne sont pas leurs travestissements, dont l'un n'est
d'ailleurs pas encore percé à jour, qui vont inciter à réflexion
les protagonistes, mais quelques mots de l'un d'eux à propos
de fleurs — autrement dit de réalités qui pourraient sembler,
au contraire, identité absolue de l'essence et de l'apparence.
Perdita — tel est le nom singulier de cette illusion de bergère

devenue illusion de Flore — veut faire courtois accueil à l'arrivant inconnu, et lui offre du romarin et de la rue, « qui gardent tout l'hiver éclat et parfum », dit-elle. Avec la rue c'est faire aussi allusion, et Perdita le souligne, à la Grâce qui a transfiguré le destin de l'Humanité, qu'avait accablée la première Faute, et c'est donc promettre au visiteur qu'il bénéficiera à son tour de ce don du Ciel, à condition, bien sûr, qu'il sache comprendre aussi clairement la signification symbolique de l'autre plante, le romarin : il convient de se souvenir. Souvenez-vous du péché et de l'indulgence divine, dit Perdita, souvenez-vous de vous rendre digne de celle-ci de même que nous, à la ferme, nous garderons souvenir de votre aimable visite.

Gracieux propos, mais Polixène pour sa part, et au moins quand il est ainsi en présence de la belle personne que veut épouser son fils, se soucie peut-être bien moins du destin de son âme que de celui de son corps, si bien que c'est avec un visible dépit et de façon assez brusque qu'il répond à la jeune fille qu'en effet ces fleurs-là, qui sont donc pour l'hiver et de modeste figure, conviennent bien à des hommes d'âge avancé comme lui. Il se ferme aux considérations spirituelles, et à de profonds symboles, pour ne penser qu'à sa vie parmi les biens de ce monde, au soir des plaisirs qu'il va perdre. Et c'est alors avec un peu de malice, mais avec d'autant plus de conviction véhémente, que Perdita se récrie qu'il y a certes, dans ces mois d'un été qui n'a pas décliné encore, de plus belles fleurs et de plus flatteuses — ce sont l'œillet et la rose d'Inde — mais qu'elle ne peut lui en offrir. Elle a entendu dire que ces fleurs ne sont si agréablement diaprées que parce que l'art a collaboré, en leur occasion, avec la nature.

D'où aussitôt la discussion, qui frappe moins par sa nouveauté — elle est en substance chez Montaigne et d'autres penseurs de l'époque — que par son intensité, son sérieux,

*sa clarté rapide. Entendant ce que Perdita a tant à cœur
d'affirmer, Polixène s'étonne, désormais moins vexé qu'inté-
ressé, et rétorque que l'art n'ajoute rien à la nature qu'il ne
lui ait déjà emprunté, n'étant dans ce cas comme dans les
autres que la greffe sur une plante d'une autre à quelque
égard plus satisfaisante. « L'art est lui-même nature », dit-
il ; ce que Perdita reconnaît. Et, dans ces conditions, pourquoi ne pas y recourir pour améliorer ce qui est ?*

*C'est alors cependant que Perdita sort de sa réserve ; et,
donnant cette fois au roi et sans réplique possible des fleurs
de la sorte la plus simple, la plus sauvage — ce sont maintenant la lavande, la menthe, la sarriette et la marjolaine, le
souci : fleurs du milieu de l'été, pour les hommes « d'âge
moyen » —, elle s'écrie qu'elle ne cultivera pas davantage
l'œillet ou la rose d'Inde qu'elle ne voudrait que Florizel ne
la désire que sous le fard, ne veuille la rendre mère que du
fait de cette illusion. De ce qui n'était jusqu'à ce moment
qu'une considération d'aspects surtout sensoriels, plus un
débat d'esthétique qu'une question de morale, elle s'est élevée
à un plan qui la met elle-même en jeu, autant qu'en émoi :
celui où il lui semble que l'art qui modifie la nature, c'est
aussi le leurre dont se sert et peut profiter ce mal, cet esprit
du mal dont la nature est indemne.*

*Et, de fait, rien n'est plus facile pour le contemporain de
Shakespeare que de comprendre ce que Perdita cherche à dire.
Au début du XVIIe siècle encore, le public du Globe, ou même
celui des représentations à la Cour, ne doute pas que Dieu ait
créé le monde, qui n'est donc pas une masse de matière, diver-
sifiée par des lois de simple physique, mais un ensemble
d'êtres qui reflètent chacun la présence divine, qui la démulti-
plient, aussi humbles paraissent-ils, et ont de ce fait une vie
que l'on peut dire intérieure, et une capacité de signification
symbolique. Suit de cette grande pensée que les apparences*

que l'on ajoute par artifice à une réalité de nature ne peuvent qu'altérer la figure de Dieu, expatrier l'esprit de l'ordre
du monde, priver la personne humaine de bénéficier de cette
leçon d'unité : en bref, recommencer — et comme par le fard,
en effet — la première faute, qui fut de ne plus voir suffi-
sance dans l'évidence. La seule voie sur terre, c'est d'aimer
Dieu dans ses créatures, dont la figure a certes beauté mais
de par le fond de soi-même, de par l'unité du divin qui de
l'intérieur l'illumine ; et de vouloir en chaque personne ou
chose ce que ce divin y a disposé, et par exemple et surtout,
dans une jeune femme, l'enfant à naître, qui réparera de sa
vie nouvelle — et là est le mystère du temps, là le bien de la
finitude quand on a su l'accepter — l'usure que la mort ne
cesse de provoquer dans la grande chaîne des êtres.

   Il ne faut pas toucher à l'apparence des choses, il ne faut
même pas les considérer pour elles-mêmes, indépendamment
de l'enseignement qu'elles donnent : d'où, nous la retrou-
vons maintenant, l'inquiétude que la conscience médiévale
puis renaissante, et Perdita avec elle, a éprouvée devant la
pratique de l'artiste, en particulier celle du peintre. À s'arrêter, dans le travail du portraitiste, disons, à telle couleur,
telle forme, ne prend-on pas le risque de ne plus penser à
l'ordre du monde, lui préférant une particularité sans substance d'où s'efface, au profit tout de suite des passions les
plus extérieures, la grande idée que c'est l'incarnation dans
le temps, la procréation, le « souvenir », dirait Perdita, de la
mort qui sont la clef du salut ? L'artiste qui ne sait plus
cette vérité de la vie, celui qui travaille donc « in scorn of
nature », c'est-à-dire in scorn of time, au mépris de la loi
de ce qui est, ne peut donner à l'image qu'une « lifeless
life », une vie sans vie, un souffle illusoire autant que
fatal : il est dangereusement, coupablement peut-être, le
proche du magicien. « There's magic in thy majesty »,

s'exclamera bientôt un autre roi dans la même pièce, devant une statue qu'aujourd'hui nous ne dirions plus qu'étonnamment ressemblante. Certes l'artiste peut percevoir, peut dégager même, les symboles qui sont le chiffre de Dieu et en dire la « majesté ». Mais il a aussi les moyens d'en détourner l'attention, et ainsi l'art est-il, à tout le moins, un champ de bataille entre la foi et les « wicked powers » qui n'assistent le peintre ou le sculpteur que pour mieux perdre son âme.

II

Telle la pensée de Perdita, la jeune fille qui s'est parée mais sans permettre à ses emprunts au monde de la nature d'en trahir les virtualités symboliques, tel l'arrière-fond de catégories et de convictions sur lequel Shakespeare écrit Le Conte d'hiver ; *et en ce point de notre rencontre de l'œuvre — une de ses plus riches d'ambiguïtés, nous le verrons — deux sortes de réflexions me semblent possibles.*

D'une part — et j'irai un instant sur cette voie — on peut se souvenir que la condamnation formulée avec tant de ferveur par la belle reine de la Fête, en ce moment où tout semble l'envelopper de joie innocente ou en approuver la vertu, est prononcée avec même force en d'autres passages chez Shakespeare ; et que le contexte en ces cas tout autre ne fait pourtant qu'ajouter à la vigueur de l'opprobre. Par exemple, et très tôt dans l'œuvre, puisqu'il s'agit du Viol de Lucrèce, *la jeune femme dont Tarquin vient d'abuser si cruellement constate avec horreur et même remords, car elle aurait dû le percer à jour, que son hôte n'est parvenu à ses fins qu'en les déguisant avec beaucoup d'art, ce qui signifie — et un tableau est là pour servir de preuve, que Lucrèce en vient même à déchirer de ses ongles — que le travail sur rien*

que de l'apparence peut faire plus que priver de la vérité de
la vie, il sait simuler la vertu, au risque d'égarer les âmes les
plus vertueuses. Et dans ses Sonnets, tôt après, Shakespeare — ou du moins celui qui parle à la première personne
au commencement de ce livre — admoneste un très beau
jeune homme qui n'aime que se regarder en miroir, affinant
là sa beauté, la figeant aussi comme ferait un miniaturiste,
au lieu de songer à procréer. Roméo également aura ten-
dance à rêver sur de l'entrevu, c'est-à-dire sur des images, et
c'est de sa propension à la chimère qu'il y a lieu de penser
que s'est ensuivi le désastre. Quelles que soient les arrière-
pensées de Shakespeare dans la discussion de Perdita et de
Polixène — protagonistes d'un drame qui a exigé ce qu'ils
disent —, on peut donc reconnaître dans les paroles de la
bergère qui oppose à l'art la nature le retour d'une idée de
l'art en somme constante chez lui, et faire légitimement l'hy-
pothèse qu'elle reflète sa conviction.

Ce qui incite à se demander pourquoi ce grand poète, qui
fut tout de même un artiste, au moins quand il écrivait
Vénus et Adonis, et beaucoup des sonnets encore, eut de sa
propre pratique une opinion si mauvaise, autant que si
activement exprimée : et l'important, sur cette voie, serait
sans doute de remarquer qu'au moment où Shakespeare écrit
son théâtre — c'est-à-dire à la fin du règne d'Élisabeth,
puis au début d'un autre d'encore plus d'ostentation et de
faste —, l'art de nombre des cours d'Europe est assurément
devenu l'illusionnisme que Perdita dénonce, et de façon bien
plus éhontée qu'en sa fraîcheur d'âme elle ne saurait s'en
rendre compte. À Prague, par exemple, d'où arrive peut-être
Polixène, « roi de Bohême », quand il parle d'œillets et de
roses d'Inde, la cour de Rodolphe II — peintre lui-même à
ses heures et en tout cas grand mécène — avait bien pu
aimer récemment encore un maniérisme déchiré entre senti-

ment religieux et fascination pour la beauté simplement charnelle : contradiction qui gardait la figuration qui ne cherchait qu'à séduire de se faire trop réaliste. Mais maintenant triomphait, grâce aux enseignements du Corrège, de Jean Bologne, des Vénitiens, un art d'un vérisme plus poussé qui à la fois prétendait explicitement qu'il surpassait la nature et s'employait à le faire dans des tableaux on ne peut plus érotiques, dont l'idée de procréation était bien absente. La peinture est à Prague pour le plaisir et les passions que la recherche de celui-ci favorise. Quant aux aspects symboliques de la vision du monde traditionnelle, c'est fort ironiquement qu'Arcimboldo, un des phares de l'art pragois, y a recours : à preuve ces entassements de fleurs et de fruits dont il fait des visages pour dire le roi ou des princes. Quand Perdita était Flore, mais en dégageant le symbole dans les fleurs qu'elle distribuait, Rodolphe II n'est plus Vertumnus, dieu des Saisons, que grâce aux couleurs et aux formes — et non plus au sens — de ces fleurs et de ces fruits.

Et à Londres, dans ces mêmes années, la prétention de l'art à utiliser la nature, à la concurrencer, était moins hardiment inventive, mais il eût suffi du limning — l'art si répandu alors du portrait en miniature, image réduite et donc aisément flatteuse, instrument de la séduction, modèle que dans les sonnets de Shakespeare le trop beau jeune homme se donne — pour alarmer les esprits qui soupçonnaient d'impiété la création artistique : et le faisaient de façon d'autant plus facile que s'était bien atténuée, du fait de la Réforme, la présence dans les églises de sculptures et de peintures modernes dont l'ambition et la qualité eussent été de nature sincèrement religieuse. L'art peut faire aisément la preuve de sa capacité spirituelle. Même vécue très intensément, la perception de l'être sensible n'a rien pour contredire la lecture symbolique du monde, puisque la couleur elle-

même, et la forme, ont leur sens, leur valeur, dans l'écono-
mie des symboles. Mais il n'y avait pas de Van Eyck ou de
Bellini dans les souvenirs de Shakespeare, pas de Caravage
au travail sous ses yeux mêmes.

Outre cela, l'homme de théâtre qu'il était ne pouvait que
se rappeler la période encore bien proche où les Miracles, qui
relataient la vie du Sauveur ou débattaient du destin de
l'âme, disaient à découvert le symbolique ou l'allégorique, et
ne pouvaient donc s'adonner à quelque jeu que ce soit sur de
l'apparence. C'est en fait au théâtre que l'opposition entre
un sérieux antérieur — mais pas vraiment révolu, on don-
nait de ces drames encore à la fin du XVIᵉ siècle aux fêtes de
Pentecôte — et de nouvelles recherches, chez Shakespeare tout
le premier dans ses comédies, dans ses productions à la
Cour, pouvait paraître le plus préoccupante, à la veille des
« masques » jacobéens qui seront tout aussi extravagants
que les inventions d'Arcimboldo. D'où chez l'auteur du
Conte d'hiver *de bonnes raisons pour s'inquiéter de l'acti-*
vité dont son œuvre même est une des formes. Il y a tout lieu
de penser — Hamlet *l'indique,* La Tempête *aussi, qui*
sont deux réflexions du théâtre sur le théâtre — que Shakes-
peare a eu très à vif un sentiment de sa responsabilité spiri-
tuelle, dans ce siècle qui changeait vite. Et ainsi s'explique
mieux ce débat qu'il a mis au cœur de sa pièce ; et cela en un
lieu et à une heure — cette fête de paysans — où aurait pu
être représenté peu d'années avant un de ces Mystères au
sein desquels la figure de Perdita — qui fait elle-même allu-
sion aux « whitsun-pastorals », aux pastorales de Pente-
côte — eût pu trouver une place, parure autant que parole.
Encore qu'il eût fallu, pour qu'elle y soit acceptée, que la foi
consente à s'ouvrir, comme Shakespeare le voulait tant, à la
qualité substantielle, à la valeur bénéfique, immédiatement
bénéfique, de cette Nature honnie des vieux croyants mais

tout autant désormais des nouveaux Puritains de la fin du
siècle. Ce n'est pas du point de vue de ces derniers, ennemis
de l'art mais aussi contempteurs des fêtes de mai, de leurs
danses, de leurs joies simples, que Shakespeare a été tenté
d'incriminer le théâtre.

III

Art et nature, art concurrence de la nature, ce débat de
Perdita et de Polixène est donc une façon qu'a Shakespeare
d'inscrire dans sa parole les doutes qu'il éprouve, de façon
croissante peut-être aux dernières années du siècle, devant
les formes nouvelles de l'art, en particulier au théâtre. Mais
il y a, à mon sens, une autre façon possible de réfléchir à la
discussion, c'est de se demander si elle ne signifie que cette
inquiétude, sans rapports avec l'action et les personnages
du Conte d'hiver dans ses autres scènes ; ou si le problème de l'art et de la nature ne refléterait pas au contraire
quelque grande tension au travail par toute la pièce. Tension qui pourrait y être si essentielle, autant que si spécifi-
quement active, qu'il aurait bien fallu que ce fût dans cette
œuvre, plutôt qu'ailleurs chez Shakespeare, que le conflit des
deux grands principes accédât à forme explicite.

Cet autre point de vue, je m'y attacherai maintenant, ou
plutôt je le laisserai m'envahir tant il s'impose, me semble-
t-il, dès qu'on en a posé la question : il n'est que de penser
à Léonte, l'autre roi, celui de Sicile, dont l'énigme en est
éclairée.

Et il n'est que temps pour cela, dans l'histoire de la
réception critique de l'œuvre, car le moins que l'on puisse
dire, c'est que Léonte a embarrassé les commentateurs. Ce
qui le caractérise, en effet, c'est un acte à la fois extrême,

sans commune mesure avec la situation où il se produit, et sans non plus de motivation perceptible ni concevable, étant donné son auteur. Tout d'un coup, et de façon totalement imprévue pour tous ses proches, Léonte est jaloux de sa femme, pourtant si évidemment la fidélité même et l'amour, il l'accuse de le trahir avec son ami d'enfance à lui, le roi de Bohême — celui que nous avons rencontré aux fiançailles de Florizel —, et il chasse l'un, il insulte l'autre, il la persécute : c'est une suite d'actes déments qui sèment le malheur autour de lui et en lui. En peu de temps voici sa femme jugée, sa fille qui vient de naître abandonnée par son ordre aux périls d'un rivage aussi lointain que désert, son fils tendrement aimé détruit par le chagrin — il en meurt — et la reine elle-même morte, ou du moins est-il fondé à le croire. Pour lui, à peine a-t-il fini de sévir qu'il a compris sa folie, et s'en repent, mais ne peut que s'enfoncer avec ce chagrin dans une solitude désespérée. Une « infection » s'était emparée de sa pensée, avait ravagé son âme reconnue cependant par tous comme aussi aimante que généreuse ; elle a agi sans même l'empoisonnement par degrés qui rend crédible le malheur un peu analogue d'Othello ; et on ne comprend donc vraiment pas ce qui a pu se produire.

Car il ne sert à rien d'imaginer, par exemple, que Léonte est un débauché qui voit partout la luxure, c'est contredit par tout le contexte ; et s'il y a quelque sens à discerner en lui une homosexualité inconsciente, qui le fait employer sa femme à érotiser son propre rapport à Polixène, le compagnon de ses jeux — se souvient-il — en ces années de l'enfance où l'on ne sait pas le péché, cela n'explique pas que son fantasme soit si soudain, si effréné, si destructeur autant qu'autodestructeur : le désir refoulé renverserait son propre théâtre. D'autre part et surtout, il est apparent que Shakespeare lui-même veut effacer de la scène tout ce qui pourrait aider à comprendre le comportement de Léonte. C'est une évidente surprise, c'est même de la stupeur qu'il prend soin de marquer chez tous les protagonistes devant la folie du roi : aucun n'a la moindre clef. Et quand Shakespeare puise dans le Pandosto *de Robert Greene, un récit de quelque vingt ans plus tôt où il a trouvé la trame et beaucoup des éléments de sa pièce, il prend soin d'en écarter tout ce qui éclairerait l'« infection », dont Léonte dit qu'elle s'empare de son esprit d'une façon mystérieuse : elle l'étonne aux minutes mêmes où il n'a d'yeux, fascinés, que pour les gestes et les paroles de sa femme et de son ami. La folie de Léonte, j'imagine plutôt qu'elle est apparue à Shakespeare lisant Greene comme quelque chose d'autre, en puissance, que la jalousie ordinaire : comme le signe possible d'une « affection » — c'est encore un des mots du texte — qui n'est pas à même niveau que les simples passions humaines ; et qui l'intéresse, c'est sûr, peut-être parce qu'il en a déjà quelque idée, mais sans pouvoir faire plus, pour le moment, que commencer de la mettre en scène.*

Sauf que ce sera donc, précisément, une scène, avec d'autres personnages, d'autres passions et d'autres actions, si bien qu'on peut penser que ce sens que Shakespeare ne peut s'expliquer encore va se marquer dans toute l'action par des diffractions, des reflets, des transpositions symboliques. Qui sait ? Peut-être même va retentir dans la discussion de Polixène et de Perdita.

IV

Qu'on me permette donc de revenir à ce débat, pour le mieux situer maintenant dans l'économie du Conte d'hiver. *Et qu'on remarque d'abord sa position, dans le déroule-*

*ment de la pièce. Ce n'est pas seulement sur l'arrière-fond
d'une fête traditionnelle et de la pensée archaïque que Shakespeare a placé cette réflexion sur la vérité du symbole et les
charmes de l'apparence, mais au moment le plus central de
l'action, celui où va s'effacer tout ce qu'il advint de funeste
du fait de la folie de Léonte. Certes le petit garçon qui mou-
rut de chagrin ne ressuscitera pas mais la fille perdue va
reparaître, et même la reine, donnée pour morte et décidée
telle dans le vieux scénario de Greene. Et c'est qu'aussi bien
seize ans ont passé qui, Léonte se repentant, l'enfant abandonnée grandissant chez ceux qui l'ont recueillie, ont permis
le travail de forces réparatrices ; après quoi c'est l'arrivée du
roi de Bohême chez la bergère — qui n'est autre, bien sûr,
que la fille de Léonte — qui précipitera les événements.
Le roi s'emporte contre Florizel, qui s'enfuit avec sa fiancée
jusqu'en Sicile, où Léonte apprendra qui est Perdita. Si
Polixène ne s'était pas refusé au mariage de Florizel, s'il
n'avait pas opposé l'ostentation de son art de cour à l'évidence, à la force de conviction de la beauté et de la vertu
naturelles, les roues de la Providence ne se seraient point
ébranlées, du moins à ce moment-là.*

*Et avec ainsi en esprit que le débat sur l'art a eu lieu bien
près de l'instant où l'action bascule, où l'univers du péché
— car on peut bien employer ce mot pour qualifier l'acte de
Léonte — va se dissiper dans les rayons de la Grâce, on
s'apercevra maintenant que l'épouse soupçonnée, condamnée, la reine qui était belle et bonne comme va l'être sa fille, a
été nommée par Shakespeare — changeant tous les noms de
Greene, leur substituant des Florizel et des Perdita de toute
évidence métaphoriques — Hermione, ce qui signifie explicitement l'harmonie, l'équilibre heureux des parties dans
l'existence ou le monde. Hermione a été l'épouse injustement
accusée, mais de par ce nom qu'elle porte elle se découvre*

bien plus, dans l'économie de la pièce : la voici celle qui a la
charge de manifester, comme avec la confiance du Ciel dès sa
naissance, que le divin est présent dans l'univers ; et qui
assure cette fonction symbolique en faisant coïncider dans sa
façon d'exister, simple et sereine, amour conjugal et amour
de Dieu. Hermione est amour autant que beauté sans artifice, sans « art ». Dans la discussion avec Polixène, elle eût
pris le parti de Perdita, et refusé, avec son naturel enjoue-
ment, de cultiver l'œillet et la rose d'Inde.

Hélas, celle qui est ainsi la preuve que l'existence sensible
n'est que le seuil d'un ordre profond de l'être, d'une harmonie, c'est elle qui a été, par Léonte, jugée sur des apparences,
comme l'on dit : sur des aspects de son geste, de ses façons,
refusés à leur cohérence pourtant visible et faits la proie de
fantasmes. Ce qui chez elle était unité, très spontanément et
heureusement vécue, le jaloux l'a décomposé en éléments per-
çus désormais du dehors, au plan de représentations seulement mentales et sans substance, où s'éteint l'éclat de la présence divine. Ce qui ne laisse plus à ce rêveur que le spectacle
d'un corps, et de propos et de gestes énigmatiques : autrement dit une image, de celles dont les passions les plus
courtes peuvent se servir à leur guise, comme dans ces
tableaux de la Cour de Prague dont Perdita, si elle eût suivi
Florizel chez un Polixène plus accueillant, aurait immédiatement décidé qu'ils ne font que farder la beauté du monde.

Et voici donc ce qui apparaît, sous le jour de ce qu'a dit
Perdita de l'art et de la nature. De par sa jalousie, de par sa
fascination pour des apparences qui ne révèlent plus la
vérité de l'objet, Léonte s'est comporté en artiste, au sens de
ce mot qu'a fait sien Perdita, mais aussi Shakespeare. En
présence d'Hermione, c'est-à-dire de la nature en son essence
divine, il a été incapable de percevoir cette harmonie dans la
profondeur, cette lumière qui unifie, qui rend évidents les

aspects, les gestes, qui fait que la confiance est facile, la joie comme jaillissante, il a été aveugle à Dieu même : d'où la fatalité des fantasmes, et l'affolement de qui les fait siens, puisqu'ils n'ont pas de réalité, pas de fins qui vaillent, et sur cette pente un grand risque, celui de haïr ce que l'on n'a plus, comme le veut le démon qui est chez lui parmi ces chimères. Léonte est-il un jaloux, comme le dirait la simple psychologie ? Seulement parce que, plus en profondeur, il est un artiste, l'artiste quand celui-ci a succombé au péril qui menace tous ceux qui ont à s'arrêter à des apparences, et peuvent les préférer — le péché d'un coup, à nouveau — à l'essence divine dont rien ne tombe qui ne s'éteigne.

Léonte est un artiste, il exemplifie le péril de la création artistique. Dans ce Conte d'hiver *en cela maintenant d'une visée, d'une profondeur inusuelles, Shakespeare a marqué — consciemment ou non, peu importe, c'est en tout cas d'une façon cohérente et, on le verra, poussée loin dans la structure de l'œuvre — qu'il y a une parenté intime entre le jaloux et l'artiste. Celui-là, dont il faut d'ailleurs généraliser la notion — car il existe d'autres extravagances que l'inquisition érotique — est une des formes possibles de celui-ci, entendu lui-même au sens large, celui d'un regard qui s'attache au dehors de l'être, et le préfère ou se sert de lui. Un grand pas vient d'être accompli dans la connaissance de l'âme, et tout un possible s'offre pour davantage d'étude, puisque maintenant le jaloux, figure traditionnelle du théâtre — Shakespeare l'a déjà présentée, dans* Othello, *sans faire plus alors qu'en constater le malheur —, va permettre de réfléchir au problème — certes bien difficile à poser, à concevoir même — du comportement de l'artiste, des périls qu'il encourt, de ses fautes, de ses désastres.*

Et cette réflexion, c'est ce que Shakespeare a tenté dans la pièce même, privant la jalousie de Léonte d'autres sortes d'explication pour la garder à ce plan où elle a valeur plus profonde, et choisissant chez Greene ou lui ajoutant de façon à étendre et à clarifier cette recherche en somme nouvelle. Sans aller jusqu'à rapporter tous les événements du Conte d'hiver *à un projet symbolique unitaire et surtout conscient, ce qui serait tout à fait contraire à ce que Shakespeare a toujours de spontané, voire d'impulsif, on peut constater que d'un bout à l'autre de l'œuvre s'est mise en place ce que l'on pourrait appeler une structure d'intellection, dont l'objet, qui affleure presque à la conscience, parfois, est de reconnaître la relation de l'art — en ce sens archaïque que Shakespeare fait sien encore — et de l'existence, et d'explorer les conséquences funestes que l'un peut avoir dans le cours de l'autre, mais aussi les conditions et les voies d'une réparation de ces maux.*

C'est tout un ensemble de faits, dans l'action, ou d'indications, dans le texte, dont la cohérence est frappante. Certes, c'est peut-être aller un peu loin que de voir dans la mort du petit Mamillius, le prince héritier, mort qu'a causée l'incrimination injuste d'Hermione, un équivalent pour Léonte de ce manque de descendance que Shakespeare dans les Sonnets *veut faire craindre au beau jeune homme trop narcissique, trop épris de beauté trop extérieure, auquel il ne cesse de dire que s'en tenir à de l'apparence, c'est se vouer à demeurer seul au monde dans sa vieillesse. Mais cette analogie apparaît tout de même plutôt fondée quand on voit Léonte impulsivement décider que la petite fille qui vient de naître, et qu'il sait bien son enfant, malgré sa folie, sera jetée aux hasards de quelque rive sauvage. On se souvient en effet qu'il y a un art, une création — iduméens, comme aurait dit Mallarmé — pour détester la naissance qui se produit par la chair. Étant donné que les travaux d'imagination ne prennent au monde que pour en rêver un autre,* certains artistes ne veulent pas, dans la réserve d'apparence qu'est pour eux la réalité, de cette agitation qui révèle d'autres pensées et d'autres fins que les leurs. Si bien d'ailleurs qu'un art qui croit extraire de l'or d'au fond de la boue de l'existence n'en est pas moins susceptible d'être dit « l'hiver » de la vie : ce qui correspond aux trois premiers actes du Conte. Quand Hermione a demandé à son fils de lui raconter une histoire, gaie ou triste, Mamillius lui a répondu, bien clairement : « A sad tale's best for winter », pour l'hiver il vaut mieux un conte triste. Après quoi il s'apprête à parler — image en abîme des événements qui se précipitent — d'un homme qui vit près d'un cimetière. Mais il ne pourra en dire grand-chose car voici que Léonte se rue sur scène, l'arrache des bras d'Hermione, insulte grossièrement celle-ci.

Et quant au malheur d'Hermione, mère souffrante autant qu'épouse blessée, il n'est pas non plus excessif d'y reconnaître un des grands effets récurrents de la visée artistique ; car à ne voir que l'apparence dans la femme, l'artiste risque de ne plus la savoir comme authentique présence d'être, et soit alors il en absolutisera une image, pour une idolâtrie qui en étouffera les besoins, soit il en vilipendera les façons d'être effectives, au revers de cette illusion, ce qui lui permettra de rejeter sur une femme ou sur toutes la responsabilité de la mauvaise conscience que son sentiment de trahir la réalité au profit d'un rêve lui fait assurément éprouver. Cette incrimination d'un autre comme le complément de l'idolâtrie que ce même être suscite, c'est la cause la plus intime de la supposée jalousie qu'éprouve Léonte, ce déguisement de l'artiste : et qui n'est qu'un désir de ne pas savoir que c'est soi-même et non l'autre qui n'aime pas, qui trahit.

V

Cela étant, Le Conte d'hiver *révèle aussi ce qui résiste à
la corrosion de qui ne sait plus que l'apparence : et c'est au
plan même où la logique de l'illusoire pourrait sembler avoir
triomphé. Après que les premiers actes ont montré ce que
celle-ci peut produire, en l'étudiant dans ce rapport de
l'homme et de la femme où prédomine souvent ce que l'on
peut dire la disposition artistique, voici au quatrième acte
une seconde rencontre des deux protagonistes du drame
humain, et cette fois Florizel voit Perdita comme Léonte un
jour avait cessé de voir Hermione, ou comme peut-être il ne
l'avait jamais vue : non comme la beauté d'une image mais
comme une beauté de tout l'être, c'est-à-dire une harmonie
au plan, certes, où les apparences se jouent, mais révélée
du dedans par la perception d'une lumière qui les traverse,
les unifie, les approfondit, transmute leurs suggestions en
présence, leur charme en être : ce que Florizel essaye de dire
quand il compare sa jeune amie à une vague de haute
mer, mouvement lumineux qui recommence toujours dans
l'épaisseur de l'eau glauque. Que Florizel perçoive cette qualité d'être chez Perdita, qu'il en provoque l'épiphanie par
l'adhésion instinctive de ce qui en lui lui ressemble, au
moment de pure énergie vitale — appelons-le vernal — qui
s'est amassée en lui pour cela, et alors, dans l'économie du
monde, au moins Shakespeare alors le suggère-t-il, l'homme
et la femme se reconnaissent, leur confiance mutuelle dissipe
dans la grande vague cosmique les jeux d'écume de l'illusoire, tout art est débusqué : ils vont être le roi et la reine
pour leur durée d'existence. Cédant à son « will », à son
vouloir-être, et s'en faisant une force — aimant, ce qui fait
qu'il est —, Florizel avance avec Perdita sur la scène du*

jour de fête comme lui le Summer lord, *le roi de l'été, et comme elle* Flore.

En opposition bien claire au moment funeste du premier acte qui vit le lien conjugal se décomposer, Shakespeare a donc placé dans la seconde partie de l'œuvre cette autre scène où l'amour se réaffirme, avec sa force qui meut les astres, aurait-il pu dire avec Dante ; et il y a reconnu aussi la façon dont l'amour advient à soi-même, qui est, pour atteindre à son absolu, d'en passer dialectiquement par une situation de hasard. Il y a là une grande pensée ancienne, mais qu'il importe de souligner car elle préparait elle aussi à l'idée de l'art dans la vie, de la vie malgré l'art que Shakespeare a vu se former, me semble-t-il, en avançant dans son écriture. Aimer, aimer l'être à travers un être, c'est pour l'esprit médiéval se vouer à prendre sa place dans la chaîne des êtres qui toujours s'use, ce sera donc vouloir la réparer, par la naissance à venir, ce sera donc se situer en un point précis de l'ensemble des créatures ; et comme ce point est caché, avant qu'il ne se découvre, dans l'espace labyrinthique des situations d'existence, il faut savoir reconnaître que le hasard est la voie, que c'est ce qu'on pourrait décider hasard — après quoi passer son chemin — qui va peut-être se découvrir le visage même de l'absolu. Pourquoi Perdita et Florizel se connaissent-ils ? Parce qu'un berger est passé par hasard, avant l'ours qui l'eût dévorée, devant la petite fille abandonnée sur la rive. Et aussi parce que le faucon de Florizel, qui chassait, a volé, par hasard encore, du côté où l'enfant grandie gardait le troupeau, seize ans plus tard. Le hasard est le seuil de l'être.

Reste que prendre conscience du rôle fondamental du hasard — de la « fortune » — dans l'existence, ce n'est que le premier pas nécessaire, car le hasard peut être aussi funeste que bénéfique, comme Perdita le sait bien, qui craint

que « by some accident » *le père de son ami ne passe lui
aussi sur ses terres, la séparant alors d'avec Florizel : et il
importe donc de mieux comprendre comment, dans de tels
cas, le pas gagné peut être tenu. Mais l'essentiel du quatrième acte, précisément, c'est moins — on peut s'en aperce-
voir maintenant — de constater le fait de l'amour, sa capacité de rejointement d'un réel décomposé par sa défaillance,
que de comprendre que ce même hasard qui l'a servi peut se
retourner contre lui, le mettre à l'épreuve, d'où le besoin
d'une force dans la personne qui aime pour préserver dans
l'adversité le sentiment qu'elle éprouve. Que se passe-t-il au
moment où Perdita et Florizel apparaissent ensemble sur la
scène, parés pour le grand mystère du vœu qui répare
l'être ? Polixène arrive, qui aurait pu donner raison à son
fils — et peut-être ne s'en est-il fallu que de bien peu, en cet
instant décisif — mais se décide contre lui, avec beaucoup
de colère, et le met alors en demeure de rompre avec Perdita.
Et pour rester fidèle à son vœu, Florizel fait appel à une
énergie qui est en lui, en deçà cette fois de tous les hasards,
et va le sauver, c'est un fait, va le délivrer des aléas de la
situation présente, mais en se révélant d'une autre nature
que les qualités ou les façons d'être que l'on rencontre dans
les actions ordinaires. Sans hésiter, Florizel décide de renon-
cer à son héritage, de fuir avec Perdita à travers le monde le
ressentiment de son père. Et à quelqu'un qui lui veut du
bien et cherche à le conseiller il rétorque, avec véhémence :
« C'est ma passion que j'écoute. Que ma raison en fasse
autant, et je serai raisonnable, sinon dites-moi un fou, je le
veux bien. »*

« This is desperate », *c'est du désespoir, remarque alors
l'ami, qui est de simple bon sens ; et Florizel répond cette
fois :*

So call it : but it does fulfil my vow ;
I needs must think it honesty...

ce qu'on peut traduire, en explicitant les valeurs qui sont là un peu à l'état d'ellipse : vous le voyez ainsi, mais c'est là seulement ce qui pourra faire que je tiendrai mon engagement, tout en satisfaisant mon désir. La « madness » de Florizel, sa folie, va être cause à la fois de sa loyauté dans sa conduite et de son bonheur dans la vie. Et c'est donc raison, raison la plus haute. À l'opposition de l'art et de la nature, à celle du regard qui extériorise et de la pensée qui pénètre l'ordre du monde, se superpose maintenant la dualité de raison apparente et raison profonde. Et apparaît l'idée que c'est seulement cette dernière qui dans les situations que l'on peut dire héroïques a chance d'être efficace.

Et Shakespeare fait plus encore, dans cette suite d'intuitions qui met en place la pièce, il va révéler maintenant, par des situations bien précises, comment la raison profonde peut atteindre à cette efficace. Le lecteur du Conte d'hiver *s'étonne souvent d'Autolycus, le colporteur vagabond et chapardeur qui erre pour ses menus profits dans la fête dont Florizel et Perdita assurent, tellement plus haut dans l'esprit, la qualité de mystère. Il se demande pourquoi cette figure certes divertissante, habile comme apparaît ce filou à berner les naïfs, vendre parfums et rubans à leurs petites amies, conter sornette et vider les poches, a lui aussi comme une aura de mystère dans ses actes les plus frivoles. Tel une sorte de petit Mercure des grands chemins, laissant un peu de lumière accrochée aux buissons où il s'est caché pour surprendre les voyageurs.*

Mais l'explication d'Autolycus est facile. Sa règle de vie, en effet, c'est, dérobant ce qu'on a laissé traîner, séduisant les étourdies qui vont trop loin à la promenade, reprenant, après, sa route en chantant — superbes chansons mi-gaies mi-mélancoliques —, de saisir l'occasion comme elle vient, et donc de se confier au hasard, lui aussi, mais cette fois pour en profiter, non pour en défier le non-être. En cela Autolycus est donc tout à l'opposé de l'être qui aime, c'est la parfaite antithèse de Florizel, et plutôt pourrait-on le comparer à l'artiste selon Shakespeare, celui qui lui aussi ne s'attache, pour ses passions, qu'à la surface des situations et des choses ; sauf que le petit malandrin est moins dangereux que l'artiste, car ses ruses et mauvais tours n'auront bientôt laissé chez qui en souffrit qu'un vague mauvais souvenir. Plutôt, à faire ainsi de l'apparence un emploi qui va s'avouer tout de suite, bien clairement, un mensonge, Autolycus serait-il le révélateur des vérités éternelles ; et la nature, sa mère à lui aussi, a certainement pour ce mauvais fils beaucoup d'indulgence. Ne dirait-on pas d'ailleurs qu'il naît tout formé à chaque printemps, « in the sweet o'the year », avec le narcisse et les chants d'oiseaux — et avec le « red blood », l'ardeur juvénile — qu'il évoque dans ses chansons ?

Or, à peine le prince Florizel est-il sorti de la scène avec son grand projet dans son cœur, voici qu'y revient Autolycus, ce marginal, cet insouciant qui ne sait rien de l'être du monde, rien du sérieux de la vie. Et lui qui sûrement n'aime pas comme le font Perdita ou Florizel, voici qu'il laisse pourtant passer dans le soliloque de sa journée achevée, de ses gains qui furent multiples, de sa philosophie de voleur heureux de sa condition, qu'il y a en lui quelque chose aussi pour l'inciter à penser à davantage : et c'est à cet amant résolu et ce fils rebelle dont il a surpris l'intention, et qu'il a envie maintenant d'aider dans son entreprise. Autolycus comprend mal la raison de la sympathie qu'il éprouve pour Florizel, il cherche à se l'expliquer par son propre goût pour la sorte de mauvais tour qu'il voit celui-ci jouer à son père.

Tout de même il est requis, c'est un fait, il va lui donner son aide, après quoi, bientôt, ce sera par sa ruse que le berger qui recueillit Perdita se retrouvera à bord du vaisseau qui emporte les fugitifs vers la Sicile et Léonte. Le berger a sur lui les lettres et les bijoux qui permettront au roi malheureux de reconnaître sa fille. Et ainsi, et sans même savoir ce qu'il veut ou fait, Autolycus, le petit usager du hasard, se retrouve-t-il un deus ex machina *au dénouement du grand drame, celui de l'amour d'abord vaincu puis vainqueur.*

En bref, la décision de Florizel, qui paraissait insensée, est servie tout de suite par le hasard, et c'est providentiellement, comme on dit, mais ne doutons pas que Shakespeare prendrait cet adverbe-là à la lettre : car il a voulu nous faire comprendre que l'initiative d'Autolycus n'est pas une invention de mauvais théâtre, destinée à désembrouiller l'écheveau d'une tragi-comédie, mais un des aspects du grand mystère de l'être et, dans Le Conte d'hiver, *le point même où affleure la plus profonde pensée. Quand pour Léonte tout s'écroula, à cause de sa folie, à Florizel, en son autre folie — mais celle-ci est raison —, et à Perdita, tout se donne : il aura suffi, pour que le destin se fasse ainsi un accueil, d'une confiance de ces deux êtres dans ce qui est, là pourtant où l'objet d'amour, d'Hermione à Perdita, est resté à peu près le même, puisque la fille, allons-nous apprendre bientôt, est le vivant portrait, comme on dit si remarquablement, de la mère. Le regard qui aime a, simplement, dégagé ce qui est des fragmentations, des virtualités d'énigmes, des occasions de rêver qui foisonnent quand on ne sait plus voir la réalité que par le dehors de ses apparences ; il a refermé la voie qui l'eût attiré à néant. Et pour en revenir au débat de Perdita et de Polixène, c'est dire aussi que l'amour, en cela au service de la nature, triomphe de l'art qui nous en prive ;*

*ou, si l'on veut être moins optimiste, délivre en tout cas ce
dernier de ses mauvais démons, du démon.* Le Conte d'hiver *est maintenant de bout en bout saisissable, en sa réorga-
nisation intuitive du vieux scénario sans grande substance,
ce* Pandosto *de Robert Greene. Il en a fait une suite de pro-
positions sur le rapport de la nature et de l'art comme Shakespeare les comprenait, comme il s'en préoccupait même,
jusqu'alors, mais sans avoir encore perçu que leur débat a
valeur centrale dans les situations de la vie : et dans même
et surtout peut-être l'étrange — et combien dangereuse —
divagation d'un jaloux.*

*Cette élucidation, cette intuition qui a donc même fini
par être une pensée suivie chez Shakespeare, c'est ce que
confirme d'ailleurs, s'il était besoin, l'épisode autrement peu
compréhensible de la statue d'Hermione : cette bizarre façon
qu'a choisie la reine de revenir à la vie.*

*C'est à la fin, tout à la fin de la pièce. Perdita et Léonte se
sont reconnus, se sont étreints dans les sanglots et les rires,
on leur a annoncé aussi qu'il y a dans une maison voisine
une superbe statue de la reine, achevée récemment par un
célèbre artiste de l'Italie, et déjà on s'étonne un peu d'apprendre qu'allant vers ce grand portrait, qui va révéler la
mère à la fille, redire l'épouse au mari aussi repenti que nos-
talgique, l'un et l'autre s'attardent*

not without much content
In many singularities

*dans le petit musée qui précède le lieu où la sculpture se
trouve. Mais il n'est que trop vrai que l'art a été l'arrière-
plan constant de l'action tant que celle-ci s'est déroulée en
Sicile ; et qu'il est une part encore de la promesse que fait du
portrait d'Hermione Paulina, qui était la grande amie de la*

reine et a commandité la statue. Celle-ci est du « plus grand
art », a-t-elle indiqué. Il a fallu des années à Jules Romain,
tel est le nom de l'artiste, pour achever son travail, et on sait
aussi de lui que, « disposât-il de l'éternité, et pût-il donner
souffle à son œuvre, il déposséderait la nature de sa fonction,
si parfaitement il en est le singe ». En ces mots nous recon-
naissons la revendication traditionnelle des peintres, voire
des sculpteurs de la Renaissance, faire aussi bien sinon
mieux que la vie, mais voici aussi qu'est rappelée leur limite.
Ils savent imiter, mais l'apparence et non l'intériorité, non le
rapport du modèle à Dieu, puisqu'ils ne sont que des singes
auxquels la parole manque. Et ils risquent donc de faire
mauvais usage de ces figures dont l'âme absente ne les pro-
tégera pas contre les fantasmes et autres chimères qu'y pro-
jetteront les passions de l'artiste ou du spectateur de l'œuvre.
Tout de même, la statue d'Hermione est si convaincante,
assure Paulina, que l'on est tenté de lui adresser la parole.

Et de fait Perdita et Léonte, et Polixène et son fils oublient
devant la statue, un portrait en pied, qu'elle est un travail
d'artiste ; ils ne peuvent, muets d'étonnement, que se laisser
pénétrer par la vérité, le naturel, la vie comme respirante de
cette œuvre extraordinaire, c'est comme une lumière qu'elle
répand, la lumière même qui chez Hermione émanait de la
profondeur de la création divine ; et Perdita veut s'age-
nouiller devant la sculpture mais pour lui prendre la main
et l'attirer à ses lèvres, pour en obtenir qu'elle la bénisse.
Contrairement au soupçon qui pèse sur lui depuis le début
de la pièce, l'art est-il donc capable de se porter au-delà du
sensoriel et de ses récits fragmentaires ; de renouer, dans les
apparences imitées une par une, ce lien qui en fait dans
l'être vivant le chiffre de la présence divine ? D'avoir dans
sa « magie », si constamment soupçonnée, la « majesté » de
l'ordre du monde ?

*Mais cette main que Perdita veut prendre dans les
siennes, ce n'est pas la pierre que l'artiste doit employer mais
Hermione elle-même, Hermione qui n'est pas morte comme
pourtant Léonte et tous avec lui l'avaient cru. Paulina
l'avait soignée en secret puis gardée cachée pour le jour où,
comme un oracle l'avait laissé espérer, l'enfant abandonnée
serait sue vivante. Et c'est pourquoi aujourd'hui la reine
peut reparaître, et d'abord sous cette apparence de recréation
artistique, ce qui n'est pas sans bonnes raisons. Qu'est-ce
qu'avait été le soupçon de Léonte, cause de son malheur,
sinon en effet ce que l'art risque toujours d'effectuer, la lecture par le dehors, celle qui n'a plus en esprit que l'apparence, privée de son enracinement dans l'être : beauté alors
admirée mais pour une idée que s'en fait l'imagination
sans substance, image au lieu de la vie ? Pour revenir à
Léonte, Hermione doit donc lui rappeler, s'il est encore
besoin, et c'est fort possible, qu'il n'est d'art qui puisse égaler
la nature.*

*Et quand l'art se dissipe reste la femme à laquelle, en
somme, l'art fait grand tort. Est-ce trop dire ? Il ne me semble
pas absurde, constatant que la résurrection d'Hermione est
le signifiant-limite dans la structure d'épiphanie qui s'est
déployée depuis le début de la pièce, et me souvenant du
nom que la reine porte, de penser que Shakespeare s'est atta-
ché en ce grand moment à un grand problème, qu'il faut
expliciter sans doute, lui-même ne l'ayant pas tenté, mais
sans que ce soit le trahir. En d'autres mots : l'art s'étant
incliné, en ce grand jour, devant la nature, ses mirages se
défaisant, dont l'objet le plus souvent est la femme, dans ce
monde où l'homme prévaut, eh bien, c'est cette femme à la
fois idolâtrée et vilipendée, cette femme précarisée, donnée
pour coupable, en cela victime, qui peut réclamer sa place,
descendant comme Hermione du piédestal où l'art l'a juchée*

mais pour qu'une musique de plus haut que celui-ci dans l'esprit — « music ; awake her : strike ! » s'écrie Paulina au moment où va se défiger la statue — retentisse : harmonie même de la nature vivante appelant à soi et réconciliant. La dignité de la femme, son droit à être elle-même, non seulement au jour des fiançailles, dont Léonte aimait tant se souvenir, mais dans la suite de l'existence, telle serait la pièce ultime à placer dans le schème d'intellection du rapport de la conscience et du monde qu'est en profondeur Le Conte d'hiver.

VI

Le Conte d'hiver, est-ce donc un retracement, au travers des atteintes qu'y porte la société, de la vérité de la vie, en son essence qui est l'amour, en sa loi la plus simple et peut-être la seule, qui est la confiance entre homme et femme — réparatrice des injustices —, en son lieu qui est la « grande nature créatrice », émanation du divin, réseau de signes et de symboles ? Douze ans après Hamlet — où Shakespeare avait proposé l'idée d'un théâtre miroir de la société, mais qui ne pouvait ainsi que démasquer quelques détournements naïfs ou cyniques de l'apparence, et sans jamais en finir ni aller jusqu'au fond des êtres, d'où l'échec de la « pièce dans la pièce » et le désarroi du prince de Danemark son auteur, empêché de donner figure à l'intuition qui le hante, empêché d'aimer Ophélie — entendrait-on, dans la presque ultime « romance », une parole « au positif » cette fois, retrouvant au profit d'une religiosité délivrée du puritanisme, du dolorisme, de la sexualisation du péché, ce qu'avaient eu de direct, de symbolique, d'épiphanique les Mystères du Moyen Âge ? On pourrait presque le croire.

Mais s'arrêter en ce point, ce serait ne pas tenir compte de toutes les indications de la pièce. Ou plus précisément ne pas percevoir, sous la mise en place de la pensée qu'a permise la jalousie de Léonte, la réflexion qui apprécie le rapport de cette pensée à la société comme elle est et, si j'ose dire, à l'auteur comme il est lui-même. Autrement dit, il faut prêter attention, dans Le Conte d'hiver, *à des indices qui troublent l'image — le beau tableau — de l'homme et de la femme reparus lumineux et simples — on pourrait dire nus — parmi les fruits et les fleurs.*

Et c'est par exemple ceci, dont la critique n'a pas, autant que je sache, assez mesuré l'importance : la curieuse façon qu'a Shakespeare de nous dire comment Léonte et Perdita se retrouvent, en un moment qui est décisif dans l'économie de la pièce puisque c'est celui même où toutes les forces réparatrices qui, depuis seize ans, travaillaient en secret dans les profondeurs de l'être ont réussi leur synthèse, et proclament leur vérité ; où l'absence se fait présence.

Elle se fait présence, oui, mais — et c'est là ce qu'il importe de relever — in absentia *à nouveau : car ces instants de métamorphose, de rédemption ne se produisent pas sur la scène. Nous avions vu de nos propres yeux, si je puis dire, Florizel et Perdita s'engager l'un à l'autre, se décider à fuir Polixène, s'embarquer pour la traversée qui les mènerait en Sicile ; nous les avions vus, tout autant, entrer chez Léonte ; nous avions vu naître chez ce dernier de la sympathie pour les fugitifs ; alors, pourquoi ne sommes-nous pas admis aux minutes, guère plus tard, où — Polixène étant arrivé à son tour, et le berger montrant ce qu'il avait trouvé près du nouveau-né sur la rive — le père et la fille se savent soudain, se retrouvent : moment des pleurs de joie, des épreuves qui semblent soudain prendre fin ? Certes, des courtisans qui reviennent de ce dénouement inattendu, extraordinaire, nous tiennent bien au courant, les uns après les autres, de ce qui se passe entre ces êtres qui sont alors l'humanité comme telle, par les maux et par l'espérance ; mais ce qu'ils évoquent ainsi en semble être au loin, dans un autre monde que ces planches du premier plan où eux accourent et parlent, devant simplement Autolycus, comme si c'était à nous, spectateurs, et nous seuls, qu'ils avaient à s'adresser maintenant .*

Un tel statut, pour une scène aussi décisive, est certainement étonnant. C'est au point qu'on a fait quelquefois reproche à Shakespeare de ne pas l'avoir directement présentée, on a même vu en cela un signe de son vieillissement, une forme d'usure de son génie, comme si les retrouvailles du père et de la fille, et de Léonte et de son ami Polixène, n'eussent pas garanti aux moindres frais autant qu'à coup sûr l'émotion de toute l'audience. Le sens de cette mise à distance est assurément plus complexe. Et je remarquerai pour ma part qu'elle prive certes l'audience du geste, du mouvement des protagonistes, de toute une profondeur dans la manifestation de leur être le plus intime ; mais qu'elle émet en revanche un signe nouveau dans le Conte *: elle invite à considérer la grande péripétie, si naturellement un appel à l'adhésion, à la participation émue, au suspens du doute, comme si c'était une image, en son être propre d'image.*

D'une part, en effet, c'est donc au loin que l'événement a lieu, nous en apercevons les acteurs mais nous n'en entendons pas le bruit, nous ne communiquons pas davantage avec eux que s'ils étaient des figures peintes, nous en venons à les immobiliser dans quelque grande attitude — bras ouverts, yeux au ciel comme d'ailleurs le texte du Conte *le suggère :* « casting up of eyes », *dit-il,* « holding up of hands ». *Et d'autre part ceux-là mêmes qui nous parlent de cette scène* semblent bien l'avoir vue, tout présents qu'ils y étaient cependant, comme un tableau. Privilégiant ce qui n'avait dû être à l'heure des retrouvailles qu'un instant, substituant cet instant au flux des exclamations et des gestes, le premier de ces arrivants rapporte de Léonte et de Perdita, et des autres, qu'« il y avait une parole dans leur mutisme, un langage en leurs gestes mêmes », ce qui les réduit à ce que les yeux perçoivent, ce qui les fige ; et il nous dit même cela avec exactement les mots qu'employait la critique artistique à la Renaissance pour expliquer comment le peintre rivalise avec le poète pour faire de son tableau une représentation complètement signifiante.

Et l'effet de tableau dans notre appréhension de ce qui eut lieu s'accentue encore du fait que le témoin ne perçoit cette représentation, cette signification que frappées d'une ambiguïté qui fut elle aussi souvent reprochée à ce qui n'est qu'une image. Aussitôt après avoir caractérisé les protagonistes comme des figures peintes le gentilhomme ajoute : « On eût dit qu'ils venaient d'apprendre la nouvelle d'un monde rédimé ou d'un monde anéanti. En eux paraissait une évidente stupeur. Mais le plus subtil des témoins n'aurait pu, à en juger par leur seul aspect, décider s'il s'agissait d'une joie ou d'une souffrance ; bien qu'à coup sûr cela ne pût être que le comble de l'une ou l'autre. » Une intensité est manifeste, dans cette configuration de gestes et d'attitudes, peut-être parce que quelque motivation dans le projet de l'artiste qui l'a voulue a intensité, elle aussi. Mais l'éloquence muette de la peinture échoue donc à dire la nature la plus intime des événements de l'âme, celle que l'action directement perçue en sa durée propre n'aurait pas dérobée aux participants de la scène, à supposer que celle-ci ait eu vraiment lieu, quelque part en dehors de l'univers des images.

La grande scène où l'ordre du monde longtemps contre-
battu se réaffirmait, se faisait à nouveau évidence, unité,
parole, Shakespeare a donc voulu que nous ne la regardions,
du dehors, que comme une image. Là même où nous allions
nous ouvrir à une révélation, nous donner à sa vérité, il
nous demander de ne reconnaître que du simplement raconté,
du rêvé peut-être : ce qui étend sur toute la pièce, et même sur
la fête des Tondaisons, même sur la résurrection d'Hermione,
une sorte d'ombre, fût-elle claire, où miroitent bien des ques-
tions. Hermione ne cesse-t-elle d'être une image qu'au sein
d'une œuvre qui demeure, elle, une image ? La nature ne
peut-elle être appelée à se dire en sa transcendance sur l'art
que par la voie d'un récit, c'est-à-dire de l'art encore ? Et ce
Conte d'hiver qui a paru être la dissipation de la mauvaise saison de l'être, le réveil printanier de sa vie dormante,
est-il donc, simplement, un « conte » ? « Que se passe-t-il
maintenant, monsieur ? » demande un des témoins à celui
qui arrive sur ses talons. « Cette nouvelle que l'on dit vraie
ressemble tellement à un conte du temps jadis que l'on doute
fort de sa vérité. » Ce doute, c'est cela aussi Le Conte
d'hiver, on peut, il faut même, y voir une part encore du
schème d'intellection qui se déploie dans la pièce ; et de celle-ci
on n'aura donc pas assez reconnu l'ampleur, la force de ques-
tionnement, l'inquiétude, si par exemple on ne se demande
pas dans quelle mesure l'art, qui se maintient ainsi jusqu'au
bout dans l'invocation, la célébration, la proclamation de la
« grande nature créatrice », n'a pas lui aussi, de par sa présence opiniâtre dans la parole de l'œuvre, un droit à être,
une vérité. En bref : l'art n'aurait-il pas pour finir rappelé
Shakespeare, peut-être en dépit de soi, à l'intuition qu'opposait
à Perdita le roi de Bohême ?

Mais Shakespeare n'écrivait de Perdita et de Polixène
qu'avec en mémoire ou déjà en esprit Périclès, Cymbeline,

et La Tempête. *Et c'est aussi dans ces autres pièces que se cherche, s'approfondit sa pensée du réel et de l'apparent, de la vérité et du leurre, de l'être ultime de l'art, de l'éventuelle nécessité d'en refondre la conception à la fin du temps des symboles. Laissons donc en ce point art et nature, représentation et présence, et ce* Conte d'hiver *où l'idée qu'un Élisabéthain peut se faire de leur relation dialectique est peut-être en train de changer. Pour aller plus avant, il faudrait élargir l'enquête, ce que cette simple préface ne me permet pas pour l'instant.*

Yves Bonnefoy

Le Conte d'hiver[1]

La scène est soit en Sicile, soit en Bohême.

PERSONNAGES

LÉONTE, *roi de Sicile.*
MAMILLIUS, *le jeune prince de Sicile.*
CAMILLO
ANTIGONE ⎫
CLÉOMÈNE ⎬ *quatre seigneurs siciliens.*
DION ⎭
POLIXÈNE, *roi de Bohême.*
FLORIZEL, *prince de Bohême.*
ARCHIDAMUS, *un seigneur de Bohême.*
UN VIEUX BERGER, *qui passe pour le père de Perdita.*
LE CLOWN, *son fils.*
AUTOLYCUS, *un chenapan.*
Le chef des geôliers.
Un marin.

HERMIONE, *reine de Sicile, femme de Léonte.*
PERDITA, *fille de Léonte et d'Hermione.*
PAULINA, *femme d'Antigone.*
ÉMILIE, *dame d'honneur.*
MOPSA ⎫
DORCAS ⎬ *bergères.*

D'autres seigneurs, d'autres gentilshommes, d'autres dames.
D'autres officiers et serviteurs, d'autres bergers et bergères.

LE TEMPS, *dans le rôle du chœur.*

ACTE PREMIER

SCÈNE PREMIÈRE

La scène est en Sicile :
une galerie du palais de Léonte

Entrent CAMILLO *et* ARCHIDAMUS.

ARCHIDAMUS

Camillo, s'il vous arrive de visiter la Bohême, en quelque occasion comme celle qui me tient sur pied par ici, eh bien vous trouverez de grandes différences, je vous le disais tout à l'heure, entre notre pays et votre Sicile.

CAMILLO

Je crois que le roi de Sicile entend rendre à Bohême cet été la visite qu'il lui doit bien.

ARCHIDAMUS

Que notre accueil alors nous vaudra de honte, si notre affection ne nous sauve pas à vos yeux ! Car, vraiment...

CAMILLO

Je vous en prie...

ARCHIDAMUS

Mais non, je vous en assure en connaissance de cause :
nous ne pourrons jamais avec autant de magnifi-
cence, avec d'aussi rares... comment dire ? Il nous
faudra vous donner de ces boissons qui endorment,
pour que vos sens ne s'aperçoivent pas de nos
manques et, s'ils ne peuvent pas nous louer, ne
puissent au moins nous donner tort.

CAMILLO

Vous payez bien trop cher ce qu'on vous a donné de
bon cœur.

ARCHIDAMUS

Croyez-moi, je parle sous la dictée de mon expé-
rience, et sous la pression de ma probité.

CAMILLO

Sicile ne saurait se montrer trop prévenant pour
Bohême... Ils ont été élevés ensemble et une telle
affection s'est enracinée entre eux deux qu'elle ne
peut aujourd'hui qu'étendre partout ses branches.
Depuis que leur dignité plus mûre et leur condition
de rois les ont séparés, leur commerce, s'il n'a plus
été personnel, a été royalement maintenu par des
échanges de cadeaux, de lettres, d'ambassades frater-
nelles — au point que, séparés, ils ont paru demeurer ensemble. Ils se serraient la main comme au-dessus d'un abîme. Ils s'embrassaient, pour ainsi dire,

depuis les deux sources du vent. Que le Ciel préserve leur affection !

ARCHIDAMUS

Je pense que rien au monde, malignité ou hasard, ne pourra jamais l'altérer... C'est pour vous une joie inexprimable que Mamillius, votre jeune prince. Je ne sais pas de gentilhomme aussi riche de promesses.

CAMILLO

Oh, je partage ces espérances ! C'est un merveilleux enfant, qui revigore le royaume et rend aux cœurs usés leur jeunesse. Ceux qui allaient sur des béquilles dès avant qu'il ne fût né veulent ne pas cesser de vivre avant de l'avoir vu dans son âge d'homme.

ARCHIDAMUS

Autrement, seraient-ils prêts à mourir ?

CAMILLO

Oui ; à moins qu'ils n'aient quelque autre raison de vouloir vivre.

ARCHIDAMUS

Si le roi n'avait pas de fils, ils voudraient vivre sur leurs béquilles jusqu'à ce qu'il en ait un.

Ils s'éloignent.

SCÈNE II

Entrent LÉONTE, HERMIONE, MAMILLIUS,
POLIXÈNE *et leur suite.*

POLIXÈNE

Neuf fois déjà le berger a vu recommencer l'astre
    humide
Depuis que nous avons laissé notre trône
Sans rien de notre poids ; une même durée,
L'emplirions-nous de nos remerciements, mon frère,
Que nous serions encore, et pour l'éternité,
En dette auprès de vous. Aussi je multiplie
D'un seul chiffre[2], mais bien placé, d'un seul grand
    « merci ! »
Les milliers d'autres grâces qu'il faudrait d'abord
    que je rende.

LÉONTE

Différez un peu vos remerciements.
Vous nous les ferez à votre départ.

POLIXÈNE

Monseigneur, ce serait demain...
Je pense avec alarme à ce qui peut advenir
En mon absence, ou profiter d'elle. Je ne veux pas
Que d'aigres vents soufflent chez moi ; que j'aie à
    comprendre
Qu'ils auraient pu être détournés. Et je suis resté
    bien assez
Pour fatiguer Votre Altesse.

LÉONTE

Oh, pour que vous puissiez y réussir,
Nous sommes trop coriace, mon frère.

POLIXÈNE

Pas un instant de plus !

LÉONTE

Encore une semaine !

POLIXÈNE

Je vous le dis : c'est demain.

LÉONTE

Eh bien, partageons-nous la différence,
Je ne souffrirai pas que vous disiez non.

POLIXÈNE

Je vous en prie, ne me pressez pas comme cela.
Il n'est pas de parole, il n'en est aucune en ce monde,
Qui puisse me fléchir aussi promptement que la
    vôtre.
Et en ce moment même elle me vaincrait,
Quelques raisons que j'aie de vous dire non,
Si j'y reconnaissais votre besoin. Mais, croyez-moi,
Mes affaires m'empoignent ; et leur faire obstacle,
Ce serait, malgré votre amour, me faire tort : comme
    ma présence
Vous embarrasse, vous. Pour tout résoudre,
Disons-nous : « Au revoir », mon frère.

LÉONTE

Bouche cousue, notre reine ? Parlez-lui donc.

HERMIONE

Monseigneur, je pensais me taire, jusqu'au moment
Où vous lui auriez arraché le serment de ne pas rester.
Comme vos requêtes sont froides, mon ami !
Dites que tout va bien, en Bohême ; vous le savez,
Hier nous en a porté l'heureuse nouvelle. Dites-le-lui,
Et il sera privé de sa meilleure parade.

LÉONTE

C'est bien parlé, Hermione.

HERMIONE

Dirait-il qu'il lui tarde de voir son fils,
Cela aurait du poids. Qu'il le fasse donc
Et s'en aille. Qu'il le jure, il ne pourra plus rester,
Nous le chasserons à coups de quenouille... *(À Polixène.)*
Pourtant, je me risquerai à l'emprunt, pour une
      semaine,
De votre royale présence. Et en Bohême, quand mon
      seigneur
Sera votre hôte, je lui donnerai mon congé
De rester avec vous tout un mois en plus
Du temps déjà décidé. Oui, bien que mon amour
Ne sache pas, Léonte, patienter plus
Que celui d'aucune autre femme... Resterez-vous ?

Polixène s'éloigne un peu.

POLIXÈNE

Eh non, madame.

HERMIONE

Non, mais vous le ferez ?

POLIXÈNE

En vérité, je ne puis.

HERMIONE

« En vérité ! » Vous m'éconduisez
Par des serments bien débiles. Mais moi, mais moi,
M'en feriez-vous à en décrocher les étoiles,
Je vous dirais toujours : Seigneur, ne partez pas... « En
    vérité »
Vous ne le ferez pas. Vérité d'une dame.
Cela vaut vérité de prince... Voulez-vous encore partir ?
Voulez-vous me forcer, mon hôte,
À vous faire mon prisonnier ? Vous auriez à payer
    pension[3],
Cela épargnerait vos remerciements. Allons, décidez-
    vous !
Mon prisonnier, ou mon hôte ? Par votre terrible « en
    vérité »,
Vous serez l'un ou vous serez l'autre.

POLIXÈNE

Je serai donc votre hôte, madame,
Car votre prisonnier, cela suppose une offense
Qu'il m'est certes moins simple de commettre
Qu'il vous est aisé de punir.

HERMIONE

Et moi, je ne serai donc pas votre geôlière,
Mais votre aimable hôtesse... Allons, dites-moi,

Vos joyeux tours d'enfant, avec mon seigneur.
Vous étiez de la belle graine de petit prince ?

POLIXÈNE

Nous étions deux petits garçons, charmante reine,
Qui n'imaginaient pas qu'il y eût rien à venir
Sinon demain semblable à aujourd'hui
Et une enfance éternelle.

HERMIONE

N'était-ce pas mon seigneur
Le plus franc vaurien de vous deux ?

POLIXÈNE

Nous étions deux agneaux jumeaux, qui s'ébattaient
    au soleil,
Qui se poursuivaient en bêlant. Nous nous rendions
Innocence pour innocence. Nous ignorions
La doctrine du mal et ne rêvions pas
Que quelqu'un pût la connaître.
Eussions-nous continué de cette façon,
Nos débiles esprits ne se fussent-ils gonflés d'un sang
    plus ardent,
Nous aurions pu répondre hardiment au Ciel
Que nous n'étions pas coupables ; exempts même de
    cette faute
Qui noircit notre hérédité.

HERMIONE

Je puis conclure
Que depuis lors vous avez fauté.

POLIXÈNE

Ô dame très respectée, c'est aussi depuis ce temps-là
Que les tentations sont venues. Puisqu'en ces jours
  candides
Petite fille était encore ma femme,
Et qu'aux regards de mon camarade de jeu
Ne s'était pas montrée votre précieuse personne.

HERMIONE

Dieu me garde, n'en tirez pas de conclusions !
Vous diriez que c'est nous le Diable. Oh, pourtant,
  si !
De vos péchés nous acceptons de répondre
Si vos premiers furent avec nous ; si, avec nous,
Vous les avez continués ; et si, loin de nous,
Vous n'en avez jamais commis avec d'autres.

LÉONTE

Va-t-il céder ?

HERMIONE

Il restera, monseigneur.

LÉONTE, *à part.*

À ma requête à moi, il n'eût pas cédé...
(Haut.) Hermione, ma chère Hermione,
Tu n'as jamais parlé à meilleur propos.

HERMIONE

Jamais ?

LÉONTE

Jamais, sauf une fois.

HERMIONE

Vraiment ? Ai-je bien su à deux reprises ?
Quand fut-ce, la première ? Oh, dis-le-moi !
Gorgez-nous de louanges, engraissez-nous
Comme un animal domestique. Une belle action,
Qu'elle soit méconnue, et c'est le massacre
Des mille qui pourraient suivre. Les louanges
Sont nos salaires. Vous pouvez, d'un seul doux baiser,
Nous faire franchir des lieues avant qu'à coups
    d'éperon
Vous nous ayez déplacées d'un pouce. Mais achevons,
Ma deuxième action méritoire fut de le prier de
    rester ;
Quelle fut la première ? Il y a une sœur aînée
Si je vous comprends bien. Ah, puisse celle-ci
N'être fille que de la grâce ! Une fois, une seule fois
J'aurais parlé à propos ? Quand était-ce ?
Confie-le-moi, je brûle de le savoir.

LÉONTE

Eh bien, quand ces trois mois de rebuffades
Se furent aigrement évaporés
Sans que j'aie pu ouvrir ta blanche main
À la promesse d'aimer ; mais alors tu as su me dire :
« Je suis à vous pour toujours. »

HERMIONE

C'était la grâce même…
Eh bien, j'aurai parlé à propos deux fois,
L'une pour m'attacher un royal époux, à jamais,
L'autre pour retenir un ami quelques jours de plus.

Elle parle avec Polixène.

LÉONTE, *à part.*

Quelle ardeur, quelle ardeur !
Trop faire l'amitié, c'est mêler les sangs.
Je sens mon cœur m'étouffer, il bondit
Mais ce n'est pas de joie, pas de joie... Cette gentillesse,
Oui, je sais, peut aller le visage nu,
Cordialité, bienveillance, bonté d'accueil
Lui en donnent le droit sans que rien y soit à reprendre.
Mais ces frôlements de paumes, ces doigts serrés
Où ils en sont maintenant ; ces sourires de connivence
Comme échangés dans quelque miroir ; ces soupirs, aussi forts
Qu'un hallali — oh, c'est là une gentillesse
Que mon cœur n'aime guère, ni mon front... *(Haut.)*
   Mamillius,
Es-tu vraiment mon fils ?

MAMILLIUS

Certes, mon cher seigneur.

LÉONTE

Vrai de vrai ? Oui, tu es mon beau petit coq... Mais, vois,
Tu t'es barbouillé le nez. On m'assure
Qu'il est à l'image du mien. Allons, capitaine, une
   mine accorte,
Oh, pas « à corne », non ; disons : propre. Bien que je
   sache
Que le bœuf, la génisse et le petit veau
Ne le sont guère, propres... Toujours à faire des
   gammes
Sur ses doigts ! Eh bien, petit veau lubrique[4],
Es-tu mon veau ?

MAMILLIUS

Si vous le désirez, monseigneur.

LÉONTE

Il te faudrait ma dure caboche et ce qui lui pousse
    dessus
Pour m'être tout à fait semblable ; bien que l'on dise
Que nous sommes comme deux œufs. Propos de
    femmes,
Qui disent n'importe quoi ? Pourtant, seraient-elles
    fausses
Comme du crêpe dix fois reteint, comme le vent,
    comme l'onde,
Pipées comme les dés pour qui ne veut pas savoir
Ce qui est mien ou à lui, il resterait vrai
Que cet enfant me ressemble... Monsieur mon page,
Allons, regardez-moi de votre œil d'azur ! Ô coquin,
Ma chair même et que j'aime tant ! Est-ce que ta mère...
    Se pourrait-il ?
Ô passion, tes visions nous poignardent. Tu rends
    possible
L'inconcevable, tu pénètres nos rêves
Comment, je n'en sais rien, tu coopères
Avec nos illusions, tu t'associes
Avec ce qui n'est pas. Alors, pourquoi
Ne te jetterais-tu sur ce qui existe,
Et certes tu le fais, et sans retenue, je le vois
Pour la plus grande fièvre de ma cervelle
Et l'encornement de mon front.

POLIXÈNE

Qu'a donc Sicile ?

HERMIONE

Il semble un peu agité.

POLIXÈNE

Qu'y a-t-il, monseigneur ?
Comment vous sentez-vous ? Comment va mon frère ?

HERMIONE

Votre front, monseigneur,
Est plissé d'inquiétude, dirait-on.
Êtes-vous irrité ?

LÉONTE

Oh non, non. Simplement
C'est l'âme qui laisse voir sa sensiblerie,
Sa sottise, et s'expose à la raillerie
Des cœurs plus endurcis ! Interrogeant les traits
Du visage de mon enfant, il m'a semblé
De vingt-trois ans rajeunir, et je me suis vu
Sans culotte, dans ma cotte de velours vert, et mon
     poignard
Muselé, de crainte qu'il ne morde son maître
Et ne le mette en danger comme tant d'autres
     parures...
Combien alors je ressemblais, oui, je le crois,
À cette amande, à cette petite courge, à ce gentil-
     homme !
Honnête ami,
Pourra-t-on vous payer en monnaie de singe ?

MAMILLIUS

Non, monseigneur ! Plutôt je me battrais !

LÉONTE

Vous le feriez ? Eh bien, bonne chance ! Mon cher frère,
Êtes-vous aussi fou de votre jeune prince
Qu'apparemment nous le sommes du nôtre ?

POLIXÈNE

Ah, monseigneur, lorsque je suis chez moi
Il est toute ma joie, toute ma pensée,
Tout mon souci. Mon ami, puis mon adversaire,
Mon parasite, mon soldat, mon premier ministre, tout.
Il fait le jour de juillet bref comme un jour de
    décembre
Et de sa capricieuse enfance il guérit en moi
Les pensées qui pourraient m'épaissir le sang.

LÉONTE

Cet écuyer, monsieur,
Remplit le même office ; et nous allons donc
Nous promener tous deux, et vous laisser
À votre marche plus grave... Hermione, tu montreras
Quel amour tu nous portes, en prenant soin
De notre frère. Que ce qui en Sicile a le plus de prix
Lui coûte peu. Après toi, et après mon jeune pirate,
Il est l'héritier de mon cœur.

HERMIONE

Si vous vouliez nous rejoindre,
Nous serons à vos ordres dans le jardin.
Est-ce là qu'il faut vous attendre, monseigneur ?

LÉONTE

Suivez votre penchant...

On vous retrouvera,
Seriez-vous au septième ciel. *(À part.)* Je pêche,
Mais vous ne voyez pas comment je jette ma ligne.
Allez, allez !
Comme elle lui tend le bec ! tout son museau !
Comme elle s'arme des hardiesses qu'a l'épouse
Avec l'époux consentant ! Déjà partis !
Englués l'un dans l'autre. Et moi, cornu
Bien au-dessus des oreilles... Va jouer, petit, va
    jouer.
Ta mère joue, je joue moi aussi ; mais mon rôle
Est si déshonorant qu'à coups de sifflet
On me chassera, vers ma tombe ; huées, mépris
Seront mon glas ; va jouer, petit, va jouer. Oui, je sais
(Ou je suis bien trompé) qu'il y a eu
D'autres cocus déjà ; et que plus d'un homme,
En cet instant où je parle, donne à sa femme le bras
Sans soupçonner qu'elle ouvrit les vannes, dans son
    absence,
Et que l'étang fut pillé par le voisin le plus proche,
Le voisin, Monsieur Tout-Sourire. Bien, c'est un récon-
    fort
Que d'autres aient des portes, et qui s'ouvrent
Comme la mienne, contre leur gré. Si tous ceux dont
    la femme
Les trompe désespéraient, c'est un homme sur dix
Qui aurait à se pendre. À cela, nul remède.
Une planète maquerelle nous domine
De sa ruineuse influence, et son pouvoir
Nous tient à l'est, à l'ouest, au midi, au nord... Conclu-
    sion :

On ne peut fortifier un ventre. Qu'on se le dise !
Il laissera, avec arme et bagages,
L'ennemi entrer, et sortir... Nous sommes des milliers
À être atteints, qui ne le savons pas...
Oui, mon petit ?

MAMILLIUS

On dit que je vous ressemble.

LÉONTE

Bien, c'est un réconfort.
Mais quoi, vous, Camillo ?

CAMILLO, *arrivant.*

Oui, monseigneur !

LÉONTE

Va jouer, Mamillius. Tu es un honnête homme.

Sort Mamillius.

Camillo, ce grand personnage
Va prolonger encore sa visite.

CAMILLO

Vous avez eu du mal à fixer son ancre.
Vous la jetiez, elle dérapait toujours.

LÉONTE

Tu t'en es aperçu ?

CAMILLO

Il ne voulait pas rester, malgré vos prières. Il prétextait
Des affaires plus importantes.

LÉONTE

Tu l'as compris ?... *(À part.)* Les voilà, les voilà déjà
Autour de moi, qui chuchotent, qui se murmurent :
« Sicile est... Taisez-vous ! » Beau temps s'écoulera
Avant que j'aie pu tout boire... Camillo, d'où viendra
Qu'il ait consenti à rester ?

CAMILLO

Notre vertueuse reine l'en a prié.

LÉONTE

Oui, notre reine ; et « vertueuse », il le faudrait bien,
Mais c'est un fait qu'elle ne l'est pas. Est-ce compris
D'autres caboches que de la tienne ? Car ton esprit
Est spongieux, non ? il absorbe plus
Que les souches plus ordinaires. C'est ignoré, n'est-
    ce pas,
Sinon des plus subtils ? Sauf de ceux-là
Dont la tête sort du commun ? Dis-moi, au bout de la
    table,
Peut-on voir quelque chose de ce trafic ?

CAMILLO

Ce trafic, monseigneur ? Je pense que la plupart
Ont compris que Bohême va rester.

LÉONTE

Ah !

CAMILLO

Va rester encore un moment.

LÉONTE

Ouais, mais pourquoi ?

CAMILLO

Pour satisfaire Votre Grandeur, et les désirs
De notre gracieuse maîtresse.

LÉONTE

Satisfaire ?
Les désirs de votre maîtresse ? Satisfaire ?
Voilà qui me suffit... Camillo, je te confiais
Tous les secrets de mon cœur, et aussi bien
Mes plus intimes soucis ; et toi, mon confesseur,
Tu purifiais mon âme ; je te quittais
Repenti, comme un pénitent. Mais tu m'as bien trompé
Sur ton intégrité, oui, bien trompé
Avec tes airs d'honnête homme.

CAMILLO

À Dieu ne plaise, monseigneur !

LÉONTE

Il me plaît. Tu n'es pas honnête. Ou, en tout cas,
Si tu inclines à l'être, tu n'es qu'un lâche
Qui coupe les jarrets de sa loyauté
Pour en briser l'élan ; à moins
Que tu ne sois, greffé pourtant sur ma confiance,
Qu'un serviteur négligent ; ou un sot
Qui sait quel jeu l'on joue, quel enjeu l'on filoute,
Mais n'y voit que matière à plaisanterie.

CAMILLO

Mon gracieux souverain ! Il est possible

Que je sois négligent, sot et peureux.
Nul homme ne peut faire que sa sottise,
Sa négligence, sa peur, ne se fassent jour
De temps en temps, dans l'infini du monde.
Pour vos affaires, mon seigneur, si j'ai jamais
Consenti d'être négligent, certes ce fut ma sottise.
Si volontairement j'ai fait le sot, certes ce fut négligence,
J'ai omis de prévoir ; mais si j'ai craint
De faire quelque chose, quand je doutais
De son succès, quand il était criant
Qu'il ne fallait rien entreprendre, cette peur-là
Corrompt souvent les plus sages. Monseigneur,
Jamais l'honnêteté n'a été exempte
De ces infirmités permises. Mais, j'en supplie Votre
      Grâce,
Soyez plus explicite, découvrez-moi
Le visage de mon péché. Si je le désavoue,
C'est qu'il n'est pas de mes œuvres.

LÉONTE

N'as-tu pas vu, Camillo (oh, sûrement
Tu as vu, ou sinon la cornée de ton œil
Est plus épaisse que la corne du cocu), n'as-tu pas
      ouï dire,
Car à spectacle si voyant il n'est de voix qui se taise,
N'as-tu pas toi-même pensé,
Car l'idée ne va pas sans la pensée,
Que ma femme me trompe ? Si tu l'admets,
Si tu ne veux nier, impudemment,
Que tu as un cerveau, des yeux, des oreilles,
Alors, dis-le, que ma femme est une ribaude
Et qu'elle pue autant que la traînée
Qui attelle avant le mariage. Allons, dis-le, avoue-le !

CAMILLO

Pourrais-je rester là, à entendre salir
Ma maîtresse, ma souveraine, sans aussitôt
La venger de l'outrage ! Que maudit soit mon cœur
Si vous avez parlé, jamais, de façon moins digne de
　vous !
Et ce serait un péché que de vous remettre à le faire
Aussi grand que la chose même, — si elle était.

LÉONTE

N'est-ce donc rien, que se parler bas ? Et se presser
Joue contre joue ? Et nez contre nez ? Et puis s'em-
　brasser
Avec le bout de la langue ? Rire et dans un soupir
S'empêcher de le faire, signe bien clair
De vertu qui s'effondre ? Et le pied chevauchant le pied,
Les apartés, les yeux sur la pendule,
Les heures qu'on veut minutes, midi qu'on voudrait
　minuit
Et tous ces yeux qu'on voudrait couverts
D'une épaisse taie, sauf les siens,
Pour plus d'impunité dans l'effronterie ? Ce n'est
　rien ?
Alors le monde n'est rien, et tout ce qui est au monde,
Le ciel n'est rien, qui nous couvre, Bohême, rien,
Et rien ma femme, et ces riens ne sont rien
— Si ce n'est rien, ce que je te dis là !

CAMILLO

Mon cher seigneur,
Guérissez-vous de ces pensées morbides,
Et faites vite — c'est dangereux.

LÉONTE

Morbide ou non, c'est vrai.

CAMILLO

Non, non, non, monseigneur.

LÉONTE

C'est vrai, et vous mentez, vous me mentez !
Je te dis que tu mens, Camillo, et je te déteste.
Avoue que tu n'es qu'un âne, — un esclave inepte
Ou encore un opportuniste, qui louvoie,
Percevant du même regard le bien, le mal
Et te prêtant à chacun ; que le foie de ma femme
Soit aussi infecté que son existence,
Et elle passera plus vite que la clepsydre.

CAMILLO

Qui l'aurait infectée ?

LÉONTE

Mais celui qui la porte accrochée au cou
Comme une médaille, — Bohême ! Un, certes, qui,
Si j'étais entouré de sûrs compagnons,
Veillant sur mon honneur comme à leurs profits,
Comme au dernier de leurs petits trafics,
Serait mis en état de n'en faire pas davantage ! Ah,
    oui, et toi
Son échanson, toi, que j'ai élevé
Au sommet des honneurs, toi qui peux voir,
Aussi clair que se réfléchissent terre et ciel,
Combien je suis outragé — toi, tu pourrais jeter
Quelque épice dans une coupe, ce qui vaudrait

Un durable sommeil à mon ennemi...
Quel cordial ce serait pour moi, cette potion !

CAMILLO

Oui, monseigneur,
Je pourrais faire cela, et sans potion brutale,
Mais d'un peu d'une liqueur lente, qui opère
Sans l'éclat du poison. Mais comment croire
À ce faux pas de ma très crainte maîtresse,
Si évidemment vertueuse ? Avoir aimé le...

LÉONTE

Doutes-en, et que tu pourrisses ! Penses-tu
Que je sois assez abêti, assez dérangé
Pour me vouer moi-même au tourment, pour salir
La pureté sans tache de mes draps,
Elle qui préservée serait mon repos, mais souillée
Ne me sera que dards, épines, queues de guêpe ?
Et pour porter l'esclandre dans le sang du prince,
    mon fils,
Que je crois bien de moi et que je chéris comme tel ?
Sans de mûres raisons agirais-je ainsi ?
Qui pourrait s'égarer à ce point-là ?

CAMILLO

Sire, je dois vous croire ; je le fais,
Et pour ce crime, expédierai Bohême ; à condition,
Toutefois, que, lui disparu, Votre Grandeur
Rappellera la reine, aussi intimement
Que naguère : et cela, pour votre fils
Et prévenir la voix médisante des cours,
Chez vos alliés, chez les princes qui vous sont
    proches.

LÉONTE

Tu me conseilles là
Exactement ce que j'ai résolu de faire. Je ne veux
Aucune atteinte à son honneur, aucune.

CAMILLO

Dans ce cas, monseigneur,
Avec l'aspect serein de l'amitié en fête,
Allez rejoindre Bohême, et votre reine.
Je suis son échanson
Et, s'il reçoit de moi la bonne tisane,
Ne voyez plus en moi votre serviteur.

LÉONTE

Rien de plus !
Fais cela, tu auras la moitié de mon cœur.
Ne le fais pas, et tu casses le tien.

CAMILLO

Je le ferai, monseigneur.

LÉONTE

J'aurai l'air amical, comme tu m'as dit.

Il sort.

CAMILLO

Ô reine infortunée !... Mais moi,
En quels draps me voici ? L'empoisonneur
Du noble Polixène, et pour seule raison
D'agir ainsi, mon obéissance à un maître
Qui, délirant, veut que fassent de même
Tous ceux à son service. Agir comme il le veut

Me vaudrait de l'avancement... Mais pourrais-je
 trouver
Que mille hommes frappèrent un roi, un oint du Ciel,
Et en ont prospéré, moi, je n'en ferais rien.
Et comme nul écrit, nulle pierre n'en parlent,
Que même la perfidie s'en détourne donc ! Il me faut
Quitter la cour ; car, obéir ou non,
C'est même casse-cou... Étoile de ma chance,
Brille sur moi ! Voici que vient Bohême.

Entre Polixène.

POLIXÈNE, *à part.*

C'est étrange. Il me semble bien
Que ma faveur chancelle... Taisons-nous !
(Haut.) Bonjour, Camillo.

CAMILLO

Mon salut, noble roi !

POLIXÈNE

Quelles sont les nouvelles de la cour ?

CAMILLO

Rien de fameux, monseigneur.

POLIXÈNE

C'est vrai qu'on pourrait croire, à voir le roi,
Qu'il a perdu quelque province, qu'il aimerait
Comme sa propre chair. Je viens de le croiser
Et je le saluais comme d'habitude,
Mais il a détourné ses yeux, il m'a fait la moue
Et, avec quel mépris ! m'a tourné le dos,

Me laissant réfléchir à tout ce qui couve
Sous ses manières changées.

CAMILLO

Monseigneur, je n'ose pas le savoir.

POLIXÈNE

Comment, vous n'osez pas ? Vous voulez dire
Que vous ne pouvez pas ? Sauriez-vous, sans oser y
   croire ?
Non, c'est m'en faire part qui vous préoccupe
Car ce que vous savez, il vous faut bien
Vous l'avouer, à vous, et vous ne pouvez dire
Que vous n'osez y croire... Bon Camillo,
Votre visage changé m'est un miroir
Qui me montre que moi aussi... Et je dois être
Pour une part dans la crise présente
Puisque je m'en découvre si affecté.

CAMILLO

Oui, il est une maladie
Qui bouleverse certains. Mais je ne puis
Nommer ce mal, que l'on tient de vous,
Tout bien portant que vous êtes.

POLIXÈNE

Comment, que l'on tient de moi ?
Ne me prêtez pas l'œil du basilic.
Le mien a regardé des milliers d'êtres
Qui n'en ont que mieux prospéré, il ne tue personne.
Camillo, je sais que vous êtes un gentilhomme
Et savant comme un clerc, qui plus est, ce qui donne
Au moins autant de lustre à notre blason

Que les noms ancestraux qui nous ennoblissent.
Aussi, je vous en prie, si vous savez
Quoi que ce soit qu'il m'importe d'apprendre,
Ne l'emprisonnez pas dans votre réserve,
Ne me laissez pas l'ignorer.

CAMILLO

Je ne peux pas répondre.

POLIXÈNE

Un mal qu'on tient de moi, qui suis bien portant !
Vous devez me répondre... Entends-tu, Camillo,
Par tout ce qui dans l'homme en appelle à l'honneur,
Et dont la moindre part n'est pas cette prière,
Dis-moi, je t'en conjure, quelle menace imprévue
Rampe vers moi. Est-elle encore lointaine,
Est-elle proche ? Et comment, s'il se peut,
Puis-je la prévenir ? Et comment, s'il le faut,
Puis-je lui tenir tête ?

CAMILLO

Je vais vous le dire, seigneur,
Puisque, au nom de l'honneur, je m'en vois requis
Et par quelqu'un que j'estime honorable.
Mais suivez mon avis, et aussi vite
Qu'il sera formulé. Car, sinon, vous et moi
Crierons : « Tout est perdu » — après quoi, bonsoir !

POLIXÈNE

Parle, cher Camillo.

CAMILLO

On m'a chargé de vous tuer.

POLIXÈNE

Qui, Camillo ?

CAMILLO

Le roi.

POLIXÈNE

Pourquoi ?

CAMILLO

Il croit, que dis-je, il jure avec autant d'assurance
Que s'il vous avait vu ; que s'il avait été
L'entremetteur, il jure
Que vous avez séduit en secret la reine.

POLIXÈNE

Oh, si c'était le cas, que mon sang le plus vif
Tourne en gelée infecte, et que l'on cloue mon nom
À celui de Judas qui a vendu le Juste !
Que ma plus pure renommée, faite puanteur,
Dégoûte les narines les plus grossières
Là où je passerais, et que mon approche
Soit évitée, ou plutôt même, haïe
Autant que la pire des pestes
Dont mémoire ait jamais été préservée !

CAMILLO

Jurez-le par chacun des astres du ciel
Et par toutes leurs influences ! Autant vouloir
Interdire aux marées de suivre la lune
Qu'essayer de détruire par un serment
Ou d'ébranler par un raisonnement
L'édifice de son délire — qui s'érige

Sur ce qu'il tient pour sûr, et n'aura de cesse
Tant que son corps demeurera debout.

POLIXÈNE

Comment cela lui est-il venu ?

CAMILLO

Je ne sais ; mais mieux vaut, je n'en doute guère,
Fuir le danger présent qu'en chercher les causes.
Par conséquent, si vous ne craignez pas
De vous fier à ma loyauté, que voici enclose
Dans ce coffret que vous garderez comme un gage,
En route dès cette nuit ! J'informerai
À mots couverts votre suite, et par groupes de deux
Ou de trois, par diverses portes, je la ferai
Déguerpir cette ville... Quant à moi
Je voue à vous servir une fortune
Que mon aveu vient ici de détruire. N'hésitez pas,
Car sur l'honneur de mes parents j'affirme
Que c'est vrai, ce que je révèle. Et iriez-vous
En chercher preuve ailleurs, que je n'oserais vous
    attendre,
Vous qui n'êtes pas plus en sécurité
Que n'est un condamné voué au supplice
Par la bouche même d'un roi !

POLIXÈNE

Je te crois,
J'ai vu son cœur dans ses yeux. Donne-moi ta main,
Guide-moi, et ta place sera toujours
Tout auprès de la mienne. Mes vaisseaux
Sont préparés ; depuis deux jours déjà
Ma maisonnée s'attend à mon départ... Cette jalousie

A un objet précieux. Sa frénésie
Doit en égaler la valeur. Sa violence
Doit refléter la puissance du roi. Et puisque celui-ci
Se croit déshonoré par l'homme qui, toujours,
Se déclarait son ami, certes sa vengeance
N'en pourrait être que plus atroce. La peur m'aveugle.
Qu'un rapide départ me favorise
Et soulage l'aimable reine, que ce prince
Souille de ses soupçons injustes ! Viens, Camillo,
Je te respecterai comme mon père
Si tu me tires d'ici. Évadons-nous !

CAMILLO

Il est dans mes pouvoirs de disposer
Des clefs de toutes les portes. Que Votre Altesse
Veuille bien faire vite... Allons-nous-en !

Ils sortent.

ACTE II

SCÈNE PREMIÈRE

HERMIONE, MAMILLIUS, *des dames,*
puis LÉONTE, ANTIGONE, *et des seigneurs.*

HERMIONE

Prenez-le avec vous. Il me fatigue,
Je ne puis plus l'endurer.

PREMIÈRE DAME

Venez, mon gracieux prince,
Voulez-vous que je sois votre amie de jeu ?

MAMILLIUS

Oh non, pas vous.

PREMIÈRE DAME

Pourquoi, mon doux seigneur ?

MAMILLIUS

Vous m'embrassez trop fort, vous me parlez

Comme si j'étais toujours un bébé. Vous, là,
C'est vous que j'aime le mieux.

DEUXIÈME DAME

Et pourquoi, monseigneur ?

MAMILLIUS

Quand même pas pour vos sourcils plus noirs,
Bien que de noirs sourcils, à ce qu'on dit,
Vont très bien à certaines femmes, pour autant
Qu'elles n'en aient pas trop ; non, rien qu'un demi-cercle,
Une demi-lune faite au pinceau.

DEUXIÈME DAME

Qui vous a enseigné cela ?

MAMILLIUS

Le visage des femmes... Dites-moi,
De quelle couleur sont-ils, les vôtres ?

PREMIÈRE DAME

Bleus, monseigneur.

MAMILLIUS

Vous vous moquez de moi. J'ai vu un nez de dame
Qui était bleu. Mais les sourcils !

PREMIÈRE DAME

Ah, prenez garde ! La reine, votre mère,
S'arrondit à vue d'œil. Un de ces jours
Nous offrirons nos services à un charmant petit prince
Et alors vous serez bien aise de vous amuser avec nous,
Si toutefois nous le voulons bien.

DEUXIÈME DAME

Elle a pris depuis peu
Le plus aimable embonpoint. Ah, que tout aille bien !

HERMIONE

Quelles graves pensées agitez-vous ? Venez çà, mon ami,
Je suis vôtre à nouveau. Prenez place ici, avec nous,
Et, s'il vous plaît, dites-nous un conte.

MAMILLIUS

Joyeux ou triste ? Que voulez-vous ?

HERMIONE

Aussi joyeux qu'il vous le plaira.

MAMILLIUS

Pour l'hiver il vaut mieux un conte bien triste. J'en ai un
De gobelins et de farfadets.

HERMIONE

Soit, mon ami.
Venez tout près de moi, venez, faites votre possible
Pour m'effrayer avec vos lutins. Vous y excellez.

MAMILLIUS

Il y avait une fois un homme...

HERMIONE

Mais venez donc, asseyez-vous. Bien. Continuez.

MAMILLIUS

... Qui habitait près d'un cimetière. Je vais le dire tout bas
Pour que ces sauterelles là-bas n'entendent rien.

HERMIONE

Venez,
Dites-le-moi à l'oreille.

Entre Léonte, avec Antigone et une suite.

LÉONTE

Est-ce là qu'on l'a rencontré ? Avec sa suite ?
Avec Camillo ?

PREMIER SEIGNEUR

Derrière le bois de pins. Et je n'ai jamais vu
Chemin balayé plus vite. Je les ai suivis du regard
Jusque sur le pont même de leurs navires.

LÉONTE

Que je suis fortuné
Dans mes justes soupçons ! Dans ma clairvoyance !
Hélas, que n'en sais-je moins ! Et que maudit suis-je
D'être si fortuné ! Qu'il y ait dans la coupe
Une araignée cachée, et l'on peut y boire,
Puis laisser le breuvage, sans ressentir
Le venin, car la conscience n'est pas atteinte.
Mais que s'offre à nos yeux l'horrible mixture,
Qu'on sache ce qu'on a bu, et l'on crache sa gorge, ses
    poumons
En d'atroces hoquets. J'ai bu, j'ai vu l'araignée...
Camillo fut l'agent, l'entremetteur,
Contre ma vie ils ont comploté, contre ma couronne,
Tous mes soupçons étaient vrais ! Ce misérable
Que j'employais l'était déjà par lui,
Il lui a découvert mon dessein ; et moi, moi,
Je reste sur leur gril, je suis le pantin

Dont ils se jouent à leur guise... Les portes de la ville ?
D'où vient qu'on les ait ouvertes si aisément ?

PREMIER SEIGNEUR

De son autorité
Qui souvent imposa des choses de ce genre
Sur un ordre de vous.

LÉONTE

Je ne le sais que trop...
(À Hermione.) Donnez-moi cet enfant ! Je suis heureux
Que vous ne l'ayez pas nourri ! Bien qu'il ait de mes
    traits,
Il y a trop en lui de votre sang.

HERMIONE

Que signifie cela ? Plaisanterie ?

LÉONTE

Éloignez cet enfant, il ne l'approchera plus,
Emmenez-le ! Et qu'elle joue à loisir
Avec celui qui l'a engrossée. Car c'est ce Polixène
Qui a fait que tu enfles comme cela.

HERMIONE

Il suffira que je dise non,
Et je pourrai jurer que vous me croirez, n'est-ce pas,
Quel que soit votre goût de la suspicion.

LÉONTE

Ô mes seigneurs,
Regardez-la, observez-la bien ! Sur le point de dire :
« Elle est de belle apparence », il faudra qu'aussitôt

Vous précisiez, dans l'équité du cœur :
« Dommage qu'elle ne soit ni honnête ni honorable. »
Vantez sa forme visible (qui, j'en conviens,
Mérite de grands éloges) et tout de suite,
Nul doute que les haussements d'épaule, et des *hum !,*
    des *ha !,*
Et autres petits dards de la calomnie
(Non, je me trompe — de la pitié, car la calomnie,
C'est la vertu qu'elle stigmatise), nul doute, donc,
Que ces haussements d'épaule, et tous ces *hum !,* ces
    ha ! ha !,
Quand vous aurez dit qu'elle est belle,
Ne seront là dès avant que vous puissiez dire :
« Elle est honnête », aussi. Car, apprenez,
De celui qui a lieu d'en souffrir le plus,
Que c'est une adultère.

HERMIONE

Un mufle le dirait,
Le mufle le plus mufle qui soit au monde,
Il le serait mille fois plus encore... Vous, monseigneur,
Vous ne faites que vous tromper.

LÉONTE

Vous vous êtes trompée, madame,
En prenant Polixène pour Léonte. Ô toi, ô toi...
Par égard pour ton rang, je tairai le mot qui convient
De peur que trop de sots ne s'en autorisent
Pour parler de même façon de tous, et oublier
Les distinctions qu'il faut entre manant et prince.
Elle est adultère, ai-je dit. Et j'ai dit aussi avec qui.
Mais de plus c'est une traîtresse. Et Camillo
Est son complice : oui, qui n'ignorait pas

Ce qu'elle eût dû rougir de laisser entendre
Au plus vil associé : qu'elle est une ribaude
Tout aussi dépravée que d'autres que le peuple
Sait nommer, tout crûment... Et c'est sûr qu'elle était
Instruite de leur fuite, pour finir !

HERMIONE

Non, sur ma vie,
De rien de tout ceci je ne fus instruite... Et quelle souf-
   france.
Quand vos yeux s'ouvriront, sera la vôtre
Pour m'avoir ainsi affichée ! Mon doux seigneur,
À peine pourrez-vous réparer ce tort, ce jour-là,
En reconnaissant votre erreur.

LÉONTE

Mais non ! Si je suis dans l'erreur
Quant à ce fondement sur quoi je bâtis,
Alors, c'est que même la Terre est trop exiguë
Pour une toupie d'écolier... Qu'on l'emprisonne !
Qui parlera pour elle sera tenu pour coupable,
Même s'il n'a fait que parler.

HERMIONE

Une planète néfaste nous accable.
Je dois être patiente, tant que les cieux
N'auront pas meilleure figure... Mes chers seigneurs,
Je ne suis pas encline aux larmes, comme souvent
Est notre sexe, et cette vaine rosée absente
Asséchera votre pitié, peut-être ; mais j'ai, ici,
La douleur de l'honneur blessé, qui brûle trop
Pour que des larmes l'éteignent. Je vous en prie,

Nobles amis, n'ayez pour me juger
Que des pensées que votre charité tempère.
Puis, que la volonté du roi soit accomplie.

LÉONTE, *aux gardes.*

Allez-vous m'obéir ?

HERMIONE

Qui viendra avec moi ? J'attends de Votre Altesse
Qu'elle me laisse mes femmes, car vous voyez
Que mon état l'exige. Ne pleurez pas, chères sottes,
Rien ne le justifie. Ne versez sur mes pas vos larmes
Que si vous découvrez que j'ai mérité la prison.
Cette action, qu'à présent je souffre, j'en sortirai
Le front haut... Au revoir en Dieu, monseigneur.
Je n'ai jamais voulu vous voir malheureux,
Mais je sais à présent que vous le serez. Mes com-
    pagnes,
Suivez-moi, on vous le permet.

LÉONTE, *aux gardes.*

Allons, exécutez mon ordre. Disparaissez.

Ils emmènent la reine.

PREMIER SEIGNEUR

J'en supplie Votre Majesté ! Rappelez la reine !

ANTIGONE

Réfléchissez ! De peur que votre justice
Ne tourne à la violence, et ne fasse de vous,
Et de votre reine et de votre fils,
Ses trois grandes victimes.

PREMIER SEIGNEUR

La reine, sire !
Je gagerais ma vie, oui, monseigneur, je l'ose
Si vous daignez l'accepter, que la reine est pure
Devant le Ciel autant que devant vous
Du péché dont vous l'accusez.

ANTIGONE

Si elle ne l'est pas,
Je fais une écurie du logement de ma femme,
Je m'attache avec elle sous un joug
Et ne lui fais confiance que lorsqu'elle est sous mes
     yeux,
Car il n'est pas une once de femme au monde,
Pas une bribe de cette chair qu'on ne devrait croire
     perfide,
Si votre reine a trahi !

LÉONTE

Taisez-vous !

PREMIER SEIGNEUR

Mon cher seigneur...

ANTIGONE

C'est pour vous, non pour nous, que nous parlons.
Vous êtes abusé, et par quelque intrigant
Qui en sera damné... Si je savais ce traître,
Je le mettrais en pièces ! mais si, elle, a failli
À l'honneur... J'ai trois filles. L'aînée, onze ans,
La seconde, neuf ans, la troisième, cinq à peu près.
Bien. S'il en est ainsi, elles le paieront. Sur l'honneur,

Je les mutilerai ! Elles n'atteindront pas leurs
  quatorze ans
Pour engendrer des bâtards. Elles sont mes cohéri-
  tières
Mais plutôt se châtrer de ses propres mains
Que de ne pas avoir noble descendance.

LÉONTE

Cessez, pas un mot de plus !
Vous sentez cette affaire avec un flair aussi froid
Que le nez d'un cadavre, mais je la vois, moi, je la sens
Comme vous sentirez ceci *(il lui tord le nez)* et non sans
  voir
Cette main qui vous pince.

ANTIGONE

Si vous avez raison
Point ne sera besoin d'un tombeau pour l'honneur,
Il n'en est pas un grain pour parfumer
Cette terre puante.

LÉONTE

Enfin ! Ne puis-je pas être cru ?

PREMIER SEIGNEUR

Je voudrais l'être, sur ce sujet,
Plutôt que vous, monseigneur. Et j'aurais plus de
  plaisir à voir
Confirmer son honneur que vos soupçons,
Quelque blâme qu'alors vous dussiez subir.

LÉONTE

Ah, quel besoin avons-nous

De discuter ainsi, au lieu d'obéir
À l'impulsion qui nous presse ? Notre pouvoir
N'a nul besoin de vos conseils, c'est notre bonté
  naturelle
Qui s'ouvre à vous... Et si, stupidement,
Ou feignant avec art la stupidité, vous ne pouvez
Ou ne voulez comprendre, allez au diable !
Nous nous passerons bien de vos avis. L'affaire,
Perte, gain, décision à prendre, tout cela
Ne relève en droit que de nous.

ANTIGONE

J'aurais bien préféré, mon suzerain,
Que vous l'eussiez instruite dans le silence
De votre jugement, sans publicité.

LÉONTE

Comment l'aurais-je pu ?
Ou tu deviens imbécile, avec l'âge,
Ou tu es né stupide... Camillo en fuite,
Et déjà leur intimité, aussi palpable
Qu'une supposition peut l'être, quand n'y manque
Que le flagrant délit, non pour la conviction,
Mais simplement pour voir, tout par ailleurs
Ajoutant à la preuve ! Oui, cela m'obligeait
À, vite, agir ainsi. Mais, pour être plus sûr,
Car, une décision de cette importance,
Il serait déplorable de s'y jeter comme un fou,
J'ai dépêché en hâte à Delphes, le lieu sacré,
Au temple d'Apollon, Dion et Cléomène
Dont vous savez toute la compétence. Ainsi,
Le divin conseil entendu, c'est l'oracle
Qui me sera le frein ou l'éperon... Ai-je bien fait ?

PREMIER SEIGNEUR

Vous avez bien fait, monseigneur.

LÉONTE

Pour moi, mon siège est fait, et je n'ai pas besoin
D'en savoir davantage. Mais l'oracle
Calmera les esprits de ceux qui, comme lui *(il désigne*
   Antigone)
Ne veulent pas, ignorants ou crédules,
Consentir à la vérité... Bien. Nous avons jugé
Qu'il était bon que loin de notre libre personne
La reine soit gardée, de peur qu'elle ait eu charge
Du plan ignominieux des deux fuyards.
Vous, accompagnez-moi : pour parler au peuple,
Car cette affaire va nous employer tous.

ANTIGONE, *à part.*

À bien rire, je veux le croire,
Si se fait jour l'heureuse vérité.

SCÈNE II

Le vestibule d'une prison

PAULINA, *un gentilhomme et leur suite.*

PAULINA

Demandez le chef des geôliers,
Apprenez-lui qui je suis.

Sort le gentilhomme.

Chère maîtresse,
Aucune cour d'Europe n'est assez belle pour toi,
Que fais-tu dans une prison ?

> *Le gentilhomme revient avec le chef des geôliers.*

Eh bien, monsieur,
Vous savez qui je suis, n'est-il pas vrai ?

LE GOUVERNEUR

Une dame de qualité,
Que je respecte beaucoup.

PAULINA

En ce cas, je vous prie,
Conduisez-moi auprès de la reine.

LE GOUVERNEUR

Je ne le puis, madame.
On me l'a interdit expressément.

PAULINA

Que de peines
Pour défendre à d'honnêtes visiteurs
L'approche de l'honneur et de la vertu !
Est-il permis, dites-moi,
De rencontrer ses suivantes ? L'une quelconque ?
    Émilie ?

LE GOUVERNEUR

Veuillez, madame,
Demander à vos gens de se retirer,
Et je fais venir Émilie.

PAULINA

Appelez-la, je vous prie,
Vous autres, retirez-vous.

LE GOUVERNEUR

Outre cela, madame,
Je dois être présent à votre entretien.

PAULINA

Bien, qu'il en soit ainsi ! Je vous en prie...

> *Sort le chef des geôliers.*

Tout ce mal pour salir ce qui est sans tache !
Voilà qui passe l'art du teinturier.

> *Revient le chef des geôliers, avec Émilie.*

Ma chère et gente dame,
Comment va notre gracieuse maîtresse ?

ÉMILIE

Aussi bien qu'un être si noble mais si atteint
Peut l'espérer ! Au comble de ses craintes, de ses
     souffrances
(Et jamais tendre femme n'en éprouva de plus
     grandes),
Elle vient d'accoucher, un peu avant terme.

PAULINA

Un garçon ?

ÉMILIE

Une fille, un superbe enfant

Plein de vigueur et de vie. Et la reine en reçoit
Beaucoup de réconfort. « Pauvre prisonnière, dit-elle,
Je suis coupable aussi peu que toi. »

PAULINA

J'en jurerais !... Et qu'elles soient maudites
Ces funestes, ces dangereuses lubies du roi !
Il doit être informé de cette naissance et il va l'être.
C'est là l'office d'une femme, et je m'en charge.
Si ma langue est de miel, qu'elle se couvre de cloques
Et ne soit plus, jamais plus, le trompette
De ma brûlante colère ! Émilie, je vous prie,
Faites part à la reine de tout mon dévouement.
Qu'elle ose me confier sa petite fille
Et je la montrerai au roi, je m'en ferai
Haut et fort l'avocat... Qui peut savoir
Si cette vue ne va pas l'adoucir ?
De la pure innocence le silence
Sait convaincre, souvent, quand les mots échouent.

ÉMILIE

Dame très respectable,
Votre cœur, votre loyauté sont si manifestes
Que je ne doute pas que votre entreprise
N'ait une heureuse issue ; nulle n'est plus que vous
Apte à remplir cette haute mission ; et si Votre
　　Grandeur
Veut bien passer dans la salle voisine,
Je vais vite informer de votre offre la reine
Qui forgeait un dessein semblable, aujourd'hui même,
Mais n'osait s'en ouvrir à quelque personne
　　honorable,
De crainte d'un refus.

PAULINA

Dites-lui, Émilie, que j'emploierai
Cette langue que j'ai. Si l'esprit en déborde
Autant que la hardiesse s'élancera de mon cœur,
Je ferai quelque bien, ce n'est pas douteux.

ÉMILIE

Dès maintenant, soyez bénie pour cela !
Je vais trouver la reine ; s'il vous plaît, venez plus avant.

Elle sort.

LE GOUVERNEUR

Madame, la reine désire montrer l'enfant,
Je ne sais pas ce que moi je risque à vous le remettre,
Car je n'ai pas d'instructions.

PAULINA

Vous n'avez rien à craindre, monsieur.
L'enfant était le prisonnier du sein maternel,
Et c'est la grande loi du cours naturel
Qui l'en a délivré. Il n'est pour rien
Dans la colère du roi. Il n'est pas coupable
Des fautes de la reine, s'il en est.

LE GOUVERNEUR

C'est bien mon sentiment.

PAULINA

Ne craignez rien. Vous avez ma parole.
Je ferai ce qu'il faut pour vous protéger.

Elle suit Émilie.

SCÈNE III

Le palais

LÉONTE, *seul.*

LÉONTE

De nuit, de jour, nul repos. C'est pure faiblesse
De prendre ainsi l'affaire, pure faiblesse... Au moins,
Si la cause en disparaissait... Une des causes,
Elle, cette adultère, car le roi-porc
Est hors de ma portée, au-delà des limites
De mon pouvoir et de mes menées... Elle, oui, elle,
Je peux la harponner. Qu'elle disparaisse,
Qu'on la jette au fagot, pour que je retrouve
La moitié de mon calme... Qui vient là ?

Entre un serviteur.

LE SERVITEUR

Monseigneur !

LÉONTE

Comment va mon petit garçon ?

LE SERVITEUR

Il a bien reposé, cette nuit.
On espère que sa maladie est finie.

LÉONTE, *à part.*

Jugez de sa noblesse ! Comprenant

La faute de sa mère, il a aussitôt
Décliné, il s'est affaibli, laissé affecter
Profondément, prenant sur soi la honte,
Perdant la joie, l'appétit, le sommeil,
Dépérissant tout à fait... *(Au serviteur.)* Laissez-moi
   seul,
Allez voir comment il se porte.

> *Sort le serviteur.*

Ah, fi ! Oublions-le... Mes idées de vengeance
Font ricochet sur moi ; car il est trop puissant
En lui-même et dans ses alliances ; soit, qu'il vive
Jusqu'au moment favorable ! Et ma prompte revanche,
Je vais la prendre sur elle... Camillo, Polixène
Se rient de moi, se divertissent de ma douleur.
Mais ils ne riraient pas, si je pouvais les atteindre,
Et elle ne rira pas, celle que je tiens.

> *Apparaissent Paulina, avec l'enfant,*
> *Antigone, seigneurs, etc.*

PREMIER SEIGNEUR

Vous ne pouvez entrer.

PAULINA

Ah, plutôt, chers seigneurs, secondez-moi,
Au lieu de redouter sa colère, sa tyrannie
Plus que vous ne craignez pour la vie de sa femme !
C'est une âme de grâce et d'innocence
Et elle est moins coupable qu'il n'est jaloux.

ANTIGONE

C'en est assez.

DEUXIÈME SEIGNEUR

Madame, il n'a pas dormi de la nuit. Il a donné l'ordre
De ne laisser approcher personne.

PAULINA

Moins de zèle, monsieur !
Je lui apporte le sommeil... Ce sont vos semblables,
Rampant autour de lui comme des ombres, gémissant
À chacun de ses vains soupirs, oui, vos semblables
Qui font qu'il ne dort pas ; mais moi, je viens
Avec des mots aussi salutaires que vrais,
Et francs, aussi, pour le guérir de cette humeur
Qui lui vaut l'insomnie.

LÉONTE

Qu'est-ce que tout ce bruit ?

PAULINA

Non du bruit, monsieur ! Un utile entretien
À propos de parrains et de marraines.

LÉONTE

Comment !
Chassez cette effrontée ! Toi, Antigone,
Je t'avais ordonné de m'en préserver.
Je savais bien qu'elle voulait venir.

ANTIGONE

Je lui ai dit, monseigneur,
Qu'elle encourrait votre déplaisir et le mien
En se présentant devant vous.

LÉONTE

Eh bien, ne peux-tu donc te faire obéir ?

PAULINA

Il le peut, pour ce qui est juste. Mais en ceci,
À moins qu'il ne procède comme vous
Et ne voue à la geôle celle qui se voue à l'honneur,
Ne croyez pas qu'il puisse me contraindre.

ANTIGONE

Vous l'entendez ?
Elle s'emballe, il me faut la laisser courir.
(À part.) Mais pas de danger qu'elle bronche !

PAULINA

Je viens, mon suzerain... Oh, je vous en supplie,
Écoutez-moi ! moi qui veux vous prouver
Que je suis votre médecin, votre servante loyale,
Votre humble conseiller ; et qui ose pourtant
Le paraître bien moins que tant autour de vous
Qui flattent vos erreurs pour y prétendre.
Je viens, disais-je, au nom
De la vertueuse reine.

LÉONTE

De la vertueuse reine !

PAULINA

Vertueuse, monseigneur, vertueuse reine, je l'ai bien dit,
Et je le soutiendrais en combat singulier
Si j'étais homme, et même le plus lâche
De ceux qui vous entourent.

LÉONTE

Chassez-la !

PAULINA

Qu'il mette le premier la main sur moi,
Celui qui ne craint pas pour ses yeux ! De moi-même
Quand je le jugerai bon, je partirai,
Mais une fois ma mission remplie. La vertueuse reine
(Car elle est vertueuse) vous a donné une fille
Que voici — et elle vous demande de la bénir.

LÉONTE

Sortez !
Hystérique sorcière ! Expulsez-la, chassez-la d'ici,
L'entremetteuse, la maquerelle !

PAULINA

Non certes !
Je suis aussi ignorante en ce métier-là
Que vous m'en accusant ; je suis aussi honnête
Que vous déraisonnez. Et cela suffit, croyez-moi,
Pour passer pour honnête, au train dont va le monde.

LÉONTE

Traîtres !
N'allez-vous pas la jeter dehors ?
(À Antigone.) Et donne-lui cette bâtarde, vieux gâteux
Mené par une femme, et que Madame Sa Poule
A chassé du perchoir ! Ramasse-la, la bâtarde,
Ramasse-la, te dis-je, donne-la à ta vieille taupe.

PAULINA

Que tes mains

Soient déshonorées à jamais, si tu touches à la princesse
Sur cette indication fausse de bâtardise.

LÉONTE

Il craint sa femme.

PAULINA

Je voudrais que vous eussiez craint la vôtre.
Vous ne douteriez pas de vos enfants.

LÉONTE

Un nid de traîtres !

ANTIGONE

Par la sainte lumière, je ne suis pas un traître !

PAULINA

Et moi non plus, ni personne ici,
Sauf celui-là, que voici ; oui, lui-même,
Puisque son saint honneur, puisque celui de sa reine,
Puisque celui de son fils si prometteur, et de cette
    petite fille,
Il les livre à la calomnie, dont l'aiguillon
Perce plus qu'une épée. Et puisqu'il ne veut pas
(Quelle malédiction, en cette occurrence,
Qu'on ne puisse l'y obliger !) extirper la racine
De son soupçon, qui est aussi pourrie
Que jamais pierre ou chêne ne furent sains.

LÉONTE

Une mégère
À la langue effrénée, qui vient de battre
Son mari, et qui me harcèle ! Ce marmot

N'est pas de moi, mais de la souche de Polixène.
Remportez-le et, avec sa chienne de mère,
Jetez-le au bûcher.

PAULINA

Il est de vous ; et nous pourrions
Retourner contre vous le vieux proverbe :
Il vous ressemble tant que c'en est dommage. Voyez,
      seigneurs,
Bien que l'empreinte soit fort petite, c'est le métal,
C'est la copie de son père ; yeux, lèvres, nez
Et son sourcil plissé ! et son front ! et cette vallée,
Ces charmantes fossettes de son menton, de ses joues !
Et son sourire ! Et le même moule et la même forme
Pour ses mains, ses ongles, ses doigts ! Ô nature, bonne
      déesse,
Toi qui as fait cette enfant si conforme à qui l'a conçue,
Si tu dois façonner son esprit encore,
N'y place rien de jaune de crainte que, comme lui,
Elle ne soupçonne ses fils de n'être pas de leur père !

LÉONTE

Immonde vieille sorcière !
Et toi, idiot, qui mérites la corde
Pour ne pas vouloir lui clouer le bec.

ANTIGONE

Pendez tous les maris
Qui de cet exploit-là ne sont pas capables :
Et il vous restera à peine un sujet.

LÉONTE

Une fois de plus, emmène-la.

PAULINA

Le plus indigne prince, et dénaturé,
Ne saurait faire pire.

LÉONTE

Je te ferai brûler.

PAULINA

Je ne m'en soucie pas.
L'hérétique est celui qui fera le feu,
Non celle qui y brûlera. Je ne vous dis pas un tyran,
Mais si cruellement traiter votre reine
Sans rien pouvoir lui opposer à charge
Que vos chimères débiles,
Cela sent fort la tyrannie, et vous en serez
L'opprobre et le scandale de l'univers.

LÉONTE

Par votre serment d'allégeance
Expulsez-la ! Serais-je un tyran,
Qu'en serait-il de sa vie ? Elle n'oserait pas me dire un
    tyran
Si elle me savait tel. Emmenez-la !

On s'apprête à entraîner Paulina.

PAULINA

S'il vous plaît, ne me touchez pas. Je vais partir.
Veillez sur votre enfant, monseigneur. Il est vôtre.
Que Jupiter lui donne plus de sagesse... Pourquoi
Toutes ces mains sur moi ?... Oh, vous, si indulgents
Pour ses folies, vous ne pourrez jamais

Que lui faire du mal, tous autant que vous êtes.
Soit ! Soit ! Bien le bonsoir ! Nous voici partie.

Elle sort.

LÉONTE

C'est toi, traître, qui contre moi dresses ta femme.
Mon enfant ! Qu'on m'en débarrasse ! Et que ce soit
Toi, qui l'aimes d'un cœur si tendre, qui la fasses
Brûler vive où tu veux, mais tout de suite,
Oui, toi, seulement toi. Ramasse-la,
Reviens avant une heure me dire que c'est fait
Et avec des témoins, sinon je te dépouille
De ta vie, et de tous tes biens... Si tu refuses,
Si tu veux affronter ma colère, dis-le
Et de mes propres mains, cette cervelle bâtarde,
Je vais la fracasser. Va, jette-la au feu,
Toi qui as excité contre moi ta femme.

ANTIGONE

Je n'ai pas fait cela, monsieur.
Mes nobles compagnons, ces seigneurs, s'ils le veulent,
Peuvent me disculper.

LES SEIGNEURS

Oui, certes. Mon royal suzerain,
Il n'est pas coupable de sa démarche.

LÉONTE

Vous êtes tous des menteurs.

PREMIER SEIGNEUR

Je prie Votre Grandeur de nous faire plus de confiance,

Nous vous avons toujours loyalement servi,
Rendez-nous, s'il vous plaît, cette justice.
Et nous vous demandons, à deux genoux,
Comme une récompense pour nos fidèles services
Passés, et à venir, d'abandonner ce projet
Horrible, sanguinaire, qui ne pourra
Que finir dans la honte... Oui, à genoux.

LÉONTE

Au gré de tous les vents je suis une plume.
Dois-je vivre pour voir cette bâtarde
M'appeler à genoux son père ? Il vaut mieux la brûler
Maintenant, qu'alors la maudire... Mais qu'elle vive,
Soit ! Ce ne sera pas... Approchez, monsieur,
Vous qui avez montré un zèle si tendre,
Avec Madame Poularde[5], votre accoucheuse d'épouse,
Pour sauver ce bâtard : car c'en est un,
Aussi vrai que ta barbe est grise... Que ferais-tu
Pour sauver ce marmot ?

ANTIGONE

Quoi que ce soit
Que peuvent supporter mes forces, monseigneur,
Si l'honneur le réclame ! Et au moins ceci :
Le peu de sang qui me reste, qu'il soit le gage
De cette vie innocente... Que puis-je d'autre ?

LÉONTE

Ceci, tu le pourras... Sur cette épée
Jure d'exécuter mes ordres.

ANTIGONE

Je le jure, monseigneur.

LÉONTE

Puis écoute, obéis. Car, vois-tu bien,
Le moindre manquement signifierait la mort
Non seulement pour toi, mais pour ta vipère de
    femme
Pour cette fois pardonnée... Oui, je t'enjoins
En tant que mon homme lige, d'ôter d'ici
Cette petite bâtarde, — de la porter
En quelque lieu désert, reculé, vraiment loin
De notre territoire ; et de la laisser là,
Sans plus de compassion, à ses seules ressources,
À la merci des climats. Comme elle vint à nous
Par un hasard étrange, en toute justice je peux
Te charger — et cela sous peine pour ton âme
D'un risque, et de tortures pour ton corps —
De la confier à quelque lieu étrange
Où puisse la Fortune, soit la détruire,
Soit l'élever. Prends-la.

ANTIGONE

Je jure de le faire. Bien qu'une prompte mort
Eût été plus clémente... Viens, pauvre enfant,
Que quelque esprit puissant te donne les corbeaux
Et les milans pour nourrices. Les loups, les ours,
Se dépouillant de leur sauvagerie, dit-on,
Ont eu parfois cette charité... Sire, soyez prospère
Plus que cet acte-ci ne vous permet d'y prétendre,
Et que le Ciel te bénisse, pauvre chose vouée à la des-
    truction,
Et lutte à tes côtés contre ce vœu cruel !

                                    Il sort avec l'enfant.

LÉONTE

Ah non alors, je n'élèverai pas
Le rejeton d'un autre.

Entre un serviteur.

LE SERVITEUR

S'il plaît à Votre Altesse, des messages
De vos deux délégués auprès de l'oracle
Sont arrivés, il y a une heure. Cléomène, Dion,
Rentrant heureusement de Delphes, ont débarqué
Et rejoignent la cour en hâte.

PREMIER SEIGNEUR

Ne vous déplaise, Sire, leur promptitude
A dépassé toute prévision.

LÉONTE

Ils n'ont été absents
Que vingt-trois jours. C'est là faire vite. Ce qui présage
Que le grand Apollon veut que la vérité
Se manifeste au plus tôt. Seigneurs, préparez-vous ;
Convoquez la cour de justice, que nous puissions
Y citer notre déloyale épouse. Elle a été
Accusée en public et son procès, de même,
Sera juste, sera ouvert à tous... *(À part.)* Tant qu'elle vit
Mon cœur ne me sera qu'un fardeau. *(Haut.)* Laissez-
    moi
Et veillez à suivre mes ordres.

Ils sortent.

ACTE III

SCÈNE PREMIÈRE

Une route en Sicile

CLÉOMÈNE *et* DION.

CLÉOMÈNE

Le climat est très doux, l'air délicieux,
L'île opulente[6], et le temple fort au-dessus
Des éloges qui sont d'usage.

DION

Je signalerai,
Car ce fut là ma plus forte impression,
Les vêtements célestes (je ne vois pas d'autres mots)
Et la majesté des graves pontifes. Le sacrifice !
Quel rite solennel, supra-terrestre,
À l'instant de l'offrande !

CLÉOMÈNE

Par-dessus tout

C'est l'explosion, c'est la voix de l'oracle, assourdissante,
Qui m'a saisi, semblable au tonnerre de Zeus.
Je me suis senti écrasé.

DION

Si l'issue du voyage
Est aussi favorable à la reine (oh, que je le souhaite !)
Qu'il fut pour nous exquis, charmant, fructueux,
Nous n'aurons pas perdu ces quelques semaines.

CLÉOMÈNE

Grand Apollon,
Arrange tout pour le mieux ! Ces proclamations
Qui accusent Hermione avec tant d'outrance,
Je ne les aime guère.

DION

Notre action diligente
Va éclaircir ou finir l'affaire. Quand l'oracle
Que le grand prêtre a couvert de ce sceau
Va dire son secret, des choses inouïes
Paraîtront au grand jour... Allons ! d'autres chevaux !
Fasse le Ciel que tout finisse bien !

Ils sortent.

SCÈNE II

La cour de justice

LÉONTE, *les seigneurs, le peuple.*

LÉONTE

Ce procès,
À notre grand chagrin nous le déclarons,
Nous atteint au profond du cœur ; car l'accusée
Est la fille d'un roi, et notre épouse trop aimée.
Qu'on ne nous taxe pas de tyrannie,
Nous agissons ouvertement, et la justice
Suivra son libre cours, qu'elle acquitte ou condamne.
Faites comparaître la prisonnière.

UN OFFICIER

C'est par le bon plaisir de Votre Altesse
Que la reine vient en personne dans cette cour.

*Entrent Hermione, Paulina
et des dames d'honneur.*

L'OFFICIER

Silence !

LÉONTE

Lisez l'accusation.

L'OFFICIER

Hermione, femme du valeureux Léonte, roi de Sicile,
tu es ici accusée et inculpée de haute trahison, pour

avoir commis l'adultère avec Polixène, roi de Bohême,
et conspiré avec Camillo dans le but de faire mourir
notre souverain, ton royal époux. Et quand par hasard
ce projet fut partiellement démasqué, toi, Hermione,
contrairement à la foi et à l'esprit d'allégeance d'une
sujette fidèle, tu leur as, pour leur sûreté, conseillé de
fuir dans la nuit, en les aidant à cela.

HERMIONE

Puisque je ne puis faire que rejeter
Ces chefs d'accusation ; et qu'en ma faveur
Je n'ai de témoignage que le mien,
À quoi me servirait de me dire innocente ? Ma probité,
Tenue pour perfidie, sera, si je l'exprime,
Accueillie comme telle... Et pourtant, écoutez :
Si les puissances du Ciel voient nos actions,
Et je n'en doute pas, alors il est certain
Que l'innocence, un jour, fera rougir
La fausse accusation et devant la souffrance
Trembler la tyrannie... Ah, monseigneur,
Vous qui semblez le moins le savoir, malgré tout
Vous savez mieux que tous que ma vie fut chaste
Et aussi vertueuse et franche que je suis
Malheureuse à présent — d'une infortune
Que rien n'égalerait dans l'histoire, en fît-on,
Pour émouvoir, une œuvre de théâtre ! Oui, voyez-
    moi,
La compagne du lit royal, la détentrice
De la moitié du trône, et fille d'un grand roi,
Mère d'un prince si prometteur, ici, pourtant,
Debout, à haranguer qui veut bien m'entendre
Sur les thèmes de mon honneur et de ma vie.
Ma vie ? Je l'estime, ma vie,

À son poids de malheur, que je suis prête
À déposer. Mais je suis redevable
De mon honneur aux miens, et c'est pour lui
Qu'aujourd'hui je me dresse, et en appelle,
Sire, à votre conscience. Avant que Polixène
N'arrive à votre cour, dites à tous combien
J'étais dans vos faveurs, et le méritant.
Et quand il fut venu, dites-leur, à quels actes
Me suis-je donc livrée, assez inconvenants
Pour comparaître ici ? Si tant soit peu
J'ai failli à l'honneur ; si dans mes actes
Ou dans mes intentions j'y ai même songé,
Soit ! que sèchent les cœurs ; et que même mes proches
Viennent crier leur dégoût sur ma tombe !

LÉONTE

Je n'ai jamais encore
Entendu dire que le vice eût moins d'audace,
Cynique comme il est,
À démentir qu'à commettre !

HERMIONE

Remarque vraie,
Sire, mais non pour moi.

LÉONTE

Vous ne l'avouerez pas.

HERMIONE

Je ne dois reconnaître,
Dans ce qu'on me reproche, que les torts
Dont je suis responsable... Polixène,
Avec lequel je suis accusée, je déclare

Que je l'aimais, honnêtement, pour son mérite,
De la sorte d'amour qui ne messied pas
À une dame de mon rang ; d'un amour, aussi bien,
Exactement conforme à votre requête
À laquelle je n'eusse pu me dérober
Sans penser vous désobéir ; et sans ingratitude
Pour cet ami dont si librement l'affection
S'est déclarée pour vous dès les premiers mots de
   l'enfance.
Quant au complot, je n'en sais pas le goût,
Et ne le connaîtrai jamais, me le cuirait-on
Tout exprès pour que je l'apprenne. Ce que je sais,
C'est que Camillo fut un honnête homme.
Pourquoi est-il parti ? Les dieux eux-mêmes
L'ignorent, s'ils n'en savent pas plus que moi.

                    LÉONTE

Vous saviez son départ, comme vous saviez
Ce que vous deviez faire en son absence.

                    HERMIONE

Sire,
Vous parlez une langue que je ne comprends pas.
Ma vie est sous le coup de vos chimères
Et j'en fais l'abandon.

                    LÉONTE

Mes chimères, ce sont vos actes !
Vous avez eu de Polixène ce bâtard,
Et je l'aurais rêvé ! De même que vous avez toute honte
   bue
(Comme tous ceux qui font ce genre de choses),
De même vous dénierez l'évidence ; mais c'est un « non »

Dont l'effet ne vaut pas la peine, comprend-le !
Ton marmot, on l'a balancé, comme il convient,
Puisque aucun père ne l'avoue, ce qui, d'ailleurs,
Est ton crime plus que le sien ; et comme lui
Tu vas souffrir notre justice, dont les moindres
Réclamations ne sont rien d'autre que ta mort.

HERMIONE

Sire, faites l'économie de vos menaces.
Vous voulez m'effrayer d'affres que je recherche.
Pour moi la vie ne saurait être un bien.
Sa couronne et sa joie, votre faveur,
Je la tiens pour perdue, elle s'est enfuie
Sans que je sache pourquoi. Mon deuxième bonheur,
Et de mon corps le premier surgeon, j'ai de sa
   présence
Été exclue, comme une lépreuse. Ma troisième
Consolation, d'étoile si funeste,
A été arrachée à mon sein, et tuée,
Sa bouche pure encore humide d'un lait pur.
Et moi on me proclame une prostituée
À tous les carrefours. Une haine sans frein
Me refuse les droits de l'accouchée, pourtant
Reconnus à toutes les femmes. Et l'on me jette enfin
Ici, à cette place, en plein air, bien avant
Que j'aie repris mes forces. Monseigneur,
Dites-moi, quels bonheurs ai-je, dans cette vie,
Qu'il me faille craindre la mort ? Poursuivez donc !...
Mais, encore, écoutez ceci : pas de méprise !
La vie, je m'en soucie comme d'une guigne,
Mais elle signifie l'honneur innocenté.
Si je suis condamnée sur des soupçons, sans preuves
Que celles qu'a forgées votre jalousie,

C'est rigueur sans justice... Honorables jurés,
Je m'en remets à l'oracle,
Et qu'Apollon soit mon juge.

PREMIER SEIGNEUR

Votre requête est tout à fait fondée.
Au nom d'Apollon,
Que soit donc produit son oracle.

HERMIONE

Mon père fut l'empereur de Russie.
Oh, que n'est-il vivant, pour assister
Au procès de sa fille ; il ne verrait
Que le gouffre de ma misère ; mais d'un œil
De commisération, et non de haine.

Reviennent les officiers de justice avec
Cléomène et Dion.

L'OFFICIER

Vous allez nous jurer, sur cette épée de justice,
Que vous, Cléomène et Dion, êtes tous deux
Allés à Delphes où, de ses propres mains,
Le grand prêtre vous a remis, au nom d'Apollon,
Cet oracle dûment scellé ; après quoi, vous n'avez
Pas eu l'audace d'en briser le sceau sacré
Et de lire ce qu'il dérobe.

CLÉOMÈNE, DION

Nous le jurons !

LÉONTE

Brisez les sceaux et lisez.

L'OFFICIER

« Hermione est chaste, Polixène est irréprochable, Camillo un sujet loyal, Léonte un tyran jaloux ; son innocent enfant fut conçu dans l'honneur, et le roi vivra sans héritier, si ce qui est perdu n'est pas retrouvé. »

LES SEIGNEURS

Béni soit le grand Apollon !

HERMIONE

Qu'il soit loué !

LÉONTE

As-tu bien lu ?

L'OFFICIER

Oui, mot pour mot, monseigneur,
Comme c'est ici consigné.

LÉONTE

Il n'y a rien de vrai dans cet oracle.
Le procès continue. C'est une imposture.

Entre un serviteur.

LE SERVITEUR

Monseigneur le roi ! Monseigneur !

LÉONTE

Qu'y a-t-il ?

LE SERVITEUR

Ô sire, je vais être maudit de vous l'apprendre,
Le prince votre fils, qui ne pensait

Avec terreur qu'au destin de sa mère...
Nous a quittés.

LÉONTE

Comment cela, quittés ?

LE SERVITEUR

Il est mort.

LÉONTE

Apollon est furieux, c'est le Ciel même
Qui frappe mon injustice. *(Hermione s'évanouit.)*
Oh, qu'est cela ?

PAULINA

La nouvelle a tué la reine. Regardez,
Voyez ce que fait la mort !

LÉONTE

Emportez-la ! Son cœur
N'est qu'oppressé, elle va reprendre ses sens.
J'ai trop cru mes soupçons... Je vous en prie,
Prodiguez-lui avec tendresse tous les soins
Qui rappellent la vie... Et pardonne-moi, Apollon,
Ma grande profanation de ton oracle !
Je vais faire ma paix avec Polixène,
Offrir un amour neuf à ma reine, et reprendre
Le bon Camillo, que je proclame loyal, compassionné.
Car, sachez-le : poussé par ma jalousie
À des pensées de vengeance et de meurtre,
C'est lui que je choisis pour empoisonner
Mon ami Polixène : et cela se fût accompli
Si l'âme honnête de Camillo n'eût ralenti

L'emportement de mes ordres. Camillo,
À qui pourtant je promettais mort ou richesses
Selon qu'il m'obéît ou non. Mais son sens de
   l'honneur
Et du bien lui fit dire mes intrigues
À mon hôte royal, et quitter cette condition
Que vous savez qui fut si haute ici, pour s'exposer
Aux risques assurés des temps incertains
Sans autre bien que sa droiture... Oh, comme il brille
À travers mon épaisse rouille ! Et que mes actes
Paraissent noirs, auprès de sa vertu !

> *Revient Paulina.*

PAULINA

Malheur ! Malheur !
Oh, dégrafez mon col, de crainte que mon cœur
En le rompant ne se brise !

PREMIER SEIGNEUR

Que vous arrive-t-il, honnête dame ?

PAULINA

Tyran, tyran,
Quels tourments raffinés me réserves-tu,
Quelle roue, quels bûchers, quels écorchements,
Quel plomb fondu, quelle huile bouillante ? Antique
   ou neuve,
Quelle torture me fera-t-on, moi dont chacun des mots
Méritera le pire de ta colère ! Ta tyrannie
Qui en a rajouté à tes jalousies, chimères
Trop débiles pour des gamins, trop enfantines
Pour des fillettes de neuf ans — oh, vois leur œuvre
Et deviens fou ! Oui, fou furieux ! Car toutes

Tes sottises passées n'en sont que l'avant-goût.
Ce n'était rien, de trahir Polixène,
Rien que te révéler stupide, inconstant
Et d'une ingratitude damnable. Et c'eût été bien peu
D'empoisonner l'honneur du bon Camillo
En le chargeant d'un meurtre : des peccadilles
Auprès de tes horreurs. Et, encore, je tiens
Que jeter aux corbeaux ta petite fille
Ce ne fut que fort peu de chose, bien qu'un démon
Eût répandu des pleurs par ses yeux de braise
Avant d'y consentir. Et tu n'es pas non plus
Tout à fait responsable de la mort
De notre jeune prince, dont l'âge tendre
A eu le cœur brisé par ses élans trop nobles
Et de penser qu'un père absurde et brutal
Puisse déshonorer sa gracieuse mère. Non, ce ne fut
Pas vraiment de ta faute. Mais le dernier
De ses crimes, seigneurs ! Oh, quand j'aurai parlé,
Criez : Malédiction ! La reine, la douce reine,
Est morte, le plus noble de tous les êtres,
Et la foudre du ciel ne l'a pas encore vengée.

PREMIER SEIGNEUR

Que les puissances suprêmes nous en préservent !

PAULINA

J'affirme qu'elle est morte. Je le jure.
Et si mots ni serments ne vous convainquent,
Allez voir ! Faites que reviennent la couleur
Sur ses lèvres, et de la lumière dans ses yeux,
Et de la chaleur sur son corps, et dedans un souffle,
Et je vous servirai comme on sert les dieux... Mais,
    tyran,

Ne te repens de rien ! Ces crimes sont trop lourds,
Aucun cri de remords ne les remuerait,
Ne te livre qu'au désespoir... Mille genoux
Fléchis pour dix mille ans de nudité, de jeûne
Sur une cime aride, en l'éternel hiver
D'incessantes tempêtes, n'obtiendraient
Des dieux du Ciel qu'ils se penchent sur toi.

LÉONTE

Va, va !
Tu ne pourras trop dire, j'ai mérité
Les mots les plus amers de toutes les bouches.

PREMIER SEIGNEUR

Restez-en là !
Quoi qu'il soit advenu, vous avez eu tort
De lui parler avec tant d'audace.

PAULINA

Je le regrette.
Toutes mes fautes, quand je viens à les comprendre,
Je m'en repens. Hélas, j'ai trop montré
De vivacité féminine. Il est atteint
Au plus noble du cœur... Ce qui est accompli,
Ce qui est au-delà de tous nos efforts,
Devrait l'être de tout chagrin. Ne vous affligez pas
De mon appel aux dieux ! Je vous en prie, plutôt
Punissez-moi, qui vous mets en mémoire
Ce qu'il vous faut oublier. Cher seigneur,
Oh, mon roi, pardonnez à une sotte femme
Son amour pour la reine... Oh, sotte encore !
Je n'en parlerai plus, ni de vos enfants,
Je ne vous dirai rien de mon mari

Qui est perdu, lui-même... Prenez patience,
Et moi, je me tairai.

LÉONTE

Tu n'as parlé que trop bien
Quand tu m'as dit mes vérités, et je les accueille
Plus volontiers que ton apitoiement. Mais conduis-moi
Auprès des corps de mon épouse et de mon fils.
Ils auront une même tombe, où sera gravée,
Pour ma honte à jamais, la cause de leur mort.
Et chaque jour, je visiterai la chapelle
Où ils reposeront. Y répandre des larmes
Sera ma distraction. Et tant que la nature
M'y autorisera, je jure d'accomplir
Ce devoir quotidien. Viens, conduis-moi
À ces objets de douleur.

Ils sortent.

SCÈNE III

Un rivage désert de la Bohême

ANTIGONE, *portant l'enfant, un marin.*

ANTIGONE

Tu es donc sûr que notre navire
A touché aux déserts de la Bohême.

LE MARIN

Oui, monseigneur, et je crains fort

Que ce ne soit à la mauvaise heure. Ces nuées sont
    sinistres
Et d'un instant à l'autre c'est la tempête.
En mon âme et conscience,
Les Cieux sont irrités de notre entreprise
Et nous font grise mine !

ANTIGONE

Leur volonté soit faite ! Allons, retourne à bord,
Veille sur ton bateau. Je ne tarderai pas
À t'appeler.

LE MARIN

Faites vite ! Ne vous hasardez pas
Trop loin dans le pays. Un gros temps se prépare
Et ces lieux sont connus pour leurs bêtes fauves.

ANTIGONE

Va-t'en,
Je te rejoins sans tarder.

LE MARIN

Ah, que je suis content
D'en avoir fini avec cette affaire !

Il sort.

ANTIGONE

Allons, mon pauvre enfant... J'ai entendu dire,
Mais sans y croire trop, qu'aux âmes des morts
Il arrive de revenir... Si c'est le cas,
J'ai vu ta mère cette nuit. Car aucun songe
N'aura tant ressemblé à l'état de veille.
Un être, dont la tête vacillait,

S'est approché de moi. Je n'avais jamais vu
Vase si lourd d'une telle douleur
Et si gracieux, pourtant ! En pure robe blanche,
Figure vraiment sainte, elle vint tout près
De ma couchette, et trois fois elle se pencha,
Puis, comme elle en venait à ouvrir la bouche,
Ses yeux devinrent deux torrents. Il a fallu
Que s'apaisât cet emportement. Mais, très vite,
Elle me dit alors : « Bon Antigone,
Puisque le sort, contraire à tes vrais sentiments,
A fait de toi, pour tenir ta parole,
Celui qui doit proscrire ma pauvre enfant,
Il y a en Bohême des lieux assez éloignés,
Va là-bas en pleurant la laisser à ses larmes
Et, comme elle est tenue pour à jamais perdue,
Appelle-la, je te prie, Perdita... En expiation
De cette horrible tâche que mon seigneur
T'a imposée, tu ne verras plus, sache-le,
Paulina, ton épouse... » Elle dit ces mots, puis, criant,
Se dissipa dans l'air. Très effrayé d'abord,
Je repris mes esprits, peu à peu, et pensai
Que tout cela avait vraiment eu lieu. Les songes
Ne sont que des hochets, mais superstitieux cette fois,
Je veux que celui-ci me guide. Ma pensée,
C'est qu'Hermione est morte, et qu'Apollon,
Cet enfant étant bien du roi Polixène,
Veut qu'il soit déposé, pour y vivre ou pour y mourir,
Au royaume de son vrai père... Petite fleur,
Puisses-tu prospérer ! Repose ici. Voilà
Ta marque distinctive : ces objets
Qui peuvent te valoir, si le sort le veut, ma jolie,
Tout en restant ton bien, d'être élevée...
La tempête, qui se déchaîne ! Malheureux être

Que, pour la faute de sa mère, voici laissé
À l'abandon et à tous ses risques ! Je ne sais guère
Pleurer, mais mon cœur saigne, et je me sens maudit
D'avoir été contraint par ce serment. Adieu.
Le ciel se couvre de plus en plus. Tu vas avoir
Une bien rude berceuse. Je n'ai jamais
Vu de jour aussi sombre. Quels cris affreux !
Puissé-je heureusement retourner à bord !
Ah, c'est le fauve que l'on chasse... Je suis perdu.

Il s'enfuit, poursuivi par un ours.
Entre un vieux berger.

LE BERGER

Je voudrais qu'il n'y eût pas d'âge entre dix et vingt-trois ans, ou bien que la jeunesse ne fît qu'un somme tout ce temps-là. Car on ne fait rien entre les deux qu'engrosser les filles, maltraiter les anciens, voler et se bagarrer. Entendez-vous ? Y en aurait-il d'autres que ces cervelles brûlées de dix-neuf ou de vingt-deux ans pour chasser par un temps pareil ? Ils ont fait fuir deux de mes plus beaux moutons, que le loup, je le crains, va trouver plus vite que leur maître. Si je dois les découvrir quelque part, ce sera à brouter du lierre, sur le rivage... Oh, chance, voudrais-tu y mettre du tien ? Qu'avons-nous là ? Miséricorde, un marmot, un petit marmot bien joli ! Et, voyons voir, une fillette, un garçon ? C'en est une, une belle, une toute belle ! Pour sûr qu'il y a eu quelque étourderie ; et sans être grand clerc, je peux deviner là l'étourderie d'une demoiselle d'honneur. Quelque travail d'escalier, un coup en dessous, une besogne de l'antichambre. Ils étaient certes plus réchauffés, ceux qui l'ont conçue,

qu'elle l'est à présent, la pauvre petite chose. Je veux
par pitié la recueillir. Mais je vais attendre mon fils. Il
m'appelait à l'instant... Holà, holà, ho !

Entre le Clown.

LE CLOWN[7]

Ohé, ohé, oh !

LE BERGER

Quoi, tu étais si près ! Si tu veux voir quelque chose
dont tu puisses parler encore quand tu seras mort et
pourri, viens çà... mais, qu'est-ce que tu as, mon com-
père ?

LE CLOWN

J'ai vu deux spectacles si extraordinaires, sur la mer
et sur le rivage ! mais je ne dois pas dire la mer, car il
n'y a plus que le ciel — entre elle et le firmament,
vous ne pourriez pas loger une épingle.

LE BERGER

Eh bien, mon garçon, dis-moi.

LE CLOWN

Si seulement vous aviez pu voir comme elle gronde,
comme elle rage, comme elle s'en prend à la rive !
Mais là n'est pas la question. Oh, le cri déchirant de
ces pauvres âmes ! Que l'on apercevait parfois, et puis
qu'on ne voyait plus. Dont le navire, tantôt perçait la
lune de son grand mât, tantôt était avalé par les tour-
billons et l'écume, comme un bouchon jeté dans une
barrique... Et ce qui se consommait sur la terre ! Cet
ours qui lui arrachait l'os de l'épaule, et lui qui me

criait de le secourir, et qu'il s'appelait Antigone, et qu'il était un seigneur... mais pour en finir avec le bateau, il fallait voir comment la mer l'a gobé, mais d'abord comment ces pauvres âmes hurlaient et comment la mer s'en moquait ; et comment il hurlait aussi, ce pauvre seigneur, et comment l'ours se moquait de lui ; ils hurlaient plus fort, les uns et les autres, que la mer ou que la tempête.

LE BERGER

Au nom du Ciel, mon garçon, c'était quand, cela ?

LE CLOWN

À l'instant, à l'instant ! Je n'ai pas cligné l'œil depuis que j'ai vu. Ces gens ne sont pas encore froids, sous l'eau, et l'ours n'a pas encore à moitié dîné de son gentilhomme. Il y est attablé, en ce moment.

LE BERGER

J'aurais voulu être là, pour secourir ce vieil homme.

LE CLOWN

J'aurais voulu vous voir[8] auprès du navire, à point pour le secourir. Votre charité aurait perdu pied.

LE BERGER

Tristes choses, tristes choses... mais regarde ici, mon garçon, et demande à Dieu qu'il te bénisse. Tu as rencontré ce qui meurt, et moi ce qui vient de naître. Voilà le spectacle qu'il te faut. Regarde ! Une layette de baptême, digne de la fille d'un écuyer. Et vois ça encore, mon gars ! Ramasse, ramasse et ouvre, fais voir... On m'a dit que je serais riche par les fées. C'est quelque enfant qu'elles ont volé... Ouvre. Qu'est-ce qu'il y a là-dedans, mon petit ?

LE CLOWN

Vous voilà riche, vieil homme. Si les péchés de votre jeunesse vous sont pardonnés, vous allez pouvoir vivre à l'aise. De l'or, rien que de l'or !

LE BERGER

C'est l'or des fées, mon gars, tu verras. Tiens-le solide, et tiens-le caché. Et à la maison au plus vite, à la maison ! Nous sommes vernis, mon gars, et pour l'être toujours, du secret, rien que du secret ! Au diable mes moutons ! Viens, mon bon fils, à la maison, au plus vite.

LE CLOWN

Allez-y au plus vite avec vos trouvailles. Moi, je vais voir si l'ours a quitté le gentilhomme, et combien il en a mangé. Ils ne sont enragés que lorsqu'ils ont faim. S'il en a laissé un petit bout, je l'enterre.

LE BERGER

Ce sera une bonne action. Et si tu peux reconnaître ce qu'il fut à ce qui en reste, viens me chercher, que je puisse voir.

LE CLOWN

Ma foi, oui. Vous m'aiderez à le mettre en terre.

LE BERGER

Jour de veine, mon gars. Et nous saurons en tirer parti.

Ils sortent.

ACTE IV

SCÈNE PREMIÈRE

Entre le TEMPS, *qui est le chœur.*

LE TEMPS[9]

Moi qui plais à certains mais vous éprouve tous,
Moi le bonheur des bons et la terreur des fous,
Moi qui forge l'erreur mais plus tard la découvre,
Puisque je suis le Temps, je le décide : j'ouvre
Mes ailes... N'allez pas dire que c'est un crime
Si d'un rapide vol sur seize ans je chemine
Laissant inexploré ce devenir béant,
Car je peux renverser la loi et, dans l'instant
Qui engendre l'instant, faire naître un usage
Et le démanteler. Laissez donc le passage
À qui a précédé l'ordre le plus ancien
Et le goût d'aujourd'hui ; qui a vu, sachez bien,
Les temps qui les ont faits, comme il voit les manies
Les plus neuves régner, — ô lumières, ternies
Aussi vite, si je le veux, que mon récit
Vous semble terne, auprès... Accordez-moi ceci :

Je retourne mon sablier, et vous propose,
Comme si vous aviez dormi, métamorphoses
Étonnantes de ce qui fut. Quittant Léonte
Qui des effets de sa jalousie folle a honte
Et regret, et se cache à tous, imaginez,
Bienveillants spectateurs, que je m'en suis allé
Dans la belle Bohême ; où vous n'oubliez pas
Que je vous ai parlé d'un fils de l'autre roi.
Florizel est son nom. Avec le même zèle
Je vous raconterai Perdita, qui est belle
Aujourd'hui, autant qu'admirée. Ce qui l'attend,
Je ne tiens pas à l'annoncer. Laissez le Temps,
À son heure, vous informer. Que son sujet
Soit ce qu'eut à subir la fille d'un berger.
Du Temps souffrez cela si, de pire façon,
Vous avez quelquefois passé le temps. Sinon,
Lui, le Temps, vous fait part de son vœu bien sincère :
Puissiez-vous ne jamais plus sot usage en faire !

Il sort.

SCÈNE II

La Bohême : une salle du palais de Polixène

POLIXÈNE *et* CAMILLO.

POLIXÈNE

Je t'en prie, mon bon Camillo, ne m'importune plus.
C'est une souffrance pour moi de te refuser quelque
chose. Et ce serait la mort, si je t'accordais ce que tu
demandes.

CAMILLO

Il y a quinze ans que je n'ai vu mon pays. Bien que
j'aie, pour la plus grande part de ma vie, respiré un air
étranger, c'est là-bas que je veux que mes os reposent.
Et d'autre part le roi pénitent, mon maître, me fait
demander de venir ; je pourrais apporter — du moins,
j'ose le croire — quelque soulagement à la douleur
qu'il éprouve, et c'est là l'autre éperon qui me presse.

POLIXÈNE

Si tu m'aimes, Camillo, n'efface pas tous tes services
passés en me quittant aujourd'hui. Le besoin que j'ai
de toi, c'est ta propre valeur qui en est la cause. Il
aurait mieux valu pour moi ne jamais t'avoir que te
perdre ainsi. Tu as entrepris pour mon compte des
affaires que nul sans toi ne pourrait convenablement
traiter, et il te faut donc, soit rester avec moi pour les
mener à bien en personne, soit emporter avec toi le
meilleur des bienfaits que je te dois. Si je ne les ai pas
appréciés autant que je l'aurais dû — et je ne saurais le
faire trop —, je m'emploierai à te témoigner une
reconnaissance plus grande, et mon profit sera d'aug-
menter ainsi ton amicale assistance. De ce funeste
pays, la Sicile, ne me parle plus, je te prie, rien que son
nom m'est une souffrance, par le souvenir de ce pénitent, comme tu l'appelles, de ce roi revenu à la raison
et qui est mon frère. La perte de sa très charmante
reine et de ses enfants m'est encore aujourd'hui une
source d'affliction toujours nouvelle... Dis-moi, quand
as-tu vu le prince Florizel, mon fils ? Ce n'est pas un
moindre malheur pour les souverains de voir les qualités de leurs enfants se corrompre, que de les perdre
quand ils ont fait la preuve de leurs vertus.

CAMILLO

Monsieur, je n'ai pas vu le prince depuis trois jours.
Quelles sont ses occupations favorites, je n'en sais
rien. Mais j'ai remarqué avec peine qu'il a été ces
temps-ci souvent absent de la cour, et qu'à ses devoirs
de prince il est moins assidu qu'autrefois.

POLIXÈNE

J'ai fait les mêmes réflexions, Camillo, et j'en ai
éprouvé du souci — au point que certains yeux qui
me servent surveillent désormais ses absences. Et je
tiens d'eux qu'il passe son temps chez un berger des
plus rustres, un homme qui, dit-on, s'est élevé de rien
à une fortune incroyable sans que ses voisins aient pu
réussir à en imaginer la raison.

CAMILLO

Sire, j'ai entendu parler de cet homme. Il a une fille
du plus grand mérite, dont la réputation s'est éten-
due bien plus loin qu'on ne s'y attendrait quand
on songe qu'elle a sa source dans une telle chaumière.

POLIXÈNE

Cela aussi est dans mes renseignements ; et je crains
qu'elle ne soit l'hameçon qui attire là-bas mon fils.
Tu vas m'y accompagner et, déguisant ce que nous
sommes, nous parlerons un peu avec ce berger. Il ne
sera pas difficile, je pense, de tirer de sa rusticité la
raison des assiduités de mon fils. Je t'en prie, pré-
pare-toi vite à me seconder dans cette affaire, et laisse
de côté tes rêveries de Sicile.

CAMILLO

Je vous obéirai de bon gré.

POLIXÈNE

Mon excellent Camillo ! Allons vite nous déguiser.

Ils sortent.

SCÈNE III

En Bohême, près de la maison du berger

Approche AUTOLYCUS.

AUTOLYCUS[10], *chantant.*

Quand perce-neige et roulure
Pointent, oh, tous deux au vallon,
Pourquoi est-ce belle saison ?
Parce que le sang recolore
Le vieil hiver pudibond.

Le linge blanchit les haies
Où vont, oh, les oiseaux chantant.
Cela m'agace les dents[11].
Car de bière une lampée,
Pour un roi, c'est suffisant.

L'alouette s'égosille
Avec, oh, la grive et le geai.
Ce seront nos chansons d'été
Quand on va s'ébattre, les filles,
Dans l'herbe fraîche coupée.

J'ai servi le prince Florizel, et dans mon temps j'ai porté velours à trois poils, mais maintenant, je ne suis plus au service.

Mais dois-je en pleurer, ma chère ?
Pâle lune est rouge, le soir.
Ici ou là, moi qui erre,
Je suis le maître du noir.

Rétameur de vivre a congé,
Qui a sac de cuir sur la panse,
Je puis donc me faire passer
Pour mieux que gibier de potence.

Mon trafic à moi, c'est les draps. Quand le vautour fait son nid, faites gaffe à votre linge. Mon père m'a donné le nom de cet Autolycus qui, ayant été mis bas comme moi sous le signe de Mercure, fut lui aussi l'escamoteur de tout ce qu'on laisse traîner... Ce sont les dés et les filles qui m'ont fourni cet accoutrement, et mon revenu est le petit vol. Les gibets et le fouet ont trop de pouvoir, sur la grand-route. Être battu, pendu, cela m'épouvante. Quant à la vie future, j'en fais découcher ma pensée. Oh ! une proie, une proie !

Il se cache.
Entre le Clown.

LE CLOWN

Voyons, onze moutons donnent vingt-huit livres de laine, et chaque vingt-huit livres rapporte une livre et quelques shillings. Quinze cents toisons, cela fait combien de laine ?

AUTOLYCUS

Si le piège tient, à moi la bécasse.

LE CLOWN

Je ne puis rien faire sans mes jetons... Voyons, que vais-je acheter pour notre fête des tondaisons ? Trois livres de sucre, cinq livres de raisins de Corinthe, du riz ? Que diable ma sœur va-t-elle faire du riz ? Enfin, mon père l'a nommée intendante de la fête et elle a marqué « du riz »... Elle nous a préparé vingt-quatre bouquets pour les tondeurs, tous chanteurs à trois parties, et fameux, mais pour la plupart dans le médium et la basse. Il y a parmi eux un puritain, il est vrai, et qui chante des psaumes en s'accompagnant de la cornemuse... Je dois acheter du safran pour teinter les chaussons aux pommes. Pas de fleur de muscade, ni de dattes : ce n'est pas sur ma liste. Des noix muscades, sept ; une racine ou deux de gingembre — mais ça, je puis me le faire donner. Quatre livres de pruneaux et autant de raisins secs.

AUTOLYCUS

Oh ! pourquoi suis-je né !

Il se laisse choir.

LE CLOWN

Au nom du Ciel !

AUTOLYCUS

Oh, au secours, au secours ! Arrachez-moi seulement ces haillons, et la mort, la mort !

LE CLOWN

Hélas, pauvre créature ! Plutôt que de te voir dépouillé de ces haillons, tu aurais bien besoin qu'on t'en procure une poignée d'autres.

AUTOLYCUS

Oh, monsieur, le dégoût que j'en ai me fait plus souffrir que les coups que j'ai écopés, de rudes coups, pourtant, par millions !

LE CLOWN

Hélas, pauvre homme ! un million de coups, ça peut être grave.

AUTOLYCUS

J'ai été volé, monsieur, et battu ; mon argent et mes habits m'ont été volés et ces horribles choses, mises sur moi.

LE CLOWN

Quoi, par un cavalier, un piéton ?

AUTOLYCUS

Un piéton, mon cher monsieur, un piéton.

LE CLOWN

En vérité, ce devait être un piéton, si j'en juge aux habits qu'il t'a laissés. Si c'est là le manteau d'un cavalier, il faut qu'on l'ait mis à rude épreuve. Donne-moi la main, je vais t'aider. Allons, donne-moi la main.

AUTOLYCUS

Ô mon bon monsieur, doucement... Oh !

LE CLOWN

Hélas, pauvre âme.

AUTOLYCUS

Ô mon bon monsieur, attention, mon bon monsieur, je crains d'avoir l'épaule démise.

LE CLOWN

Et maintenant ? Peux-tu te tenir debout ?

AUTOLYCUS

Doucement, mon cher monsieur *(il lui vide sa poche)*, mon bon monsieur, doucement ! Vous m'avez rendu un fier service.

LE CLOWN

As-tu besoin d'argent ? J'en aurais un peu pour toi.

AUTOLYCUS

Non, mon cher monsieur, mon bon monsieur. Non, monsieur, je vous en conjure. J'ai un parent à trois quarts de mille d'ici à peine, c'est chez lui que je me rendais, et là j'aurai de l'argent, tout ce qu'il me faut... Ne m'offrez pas d'argent, je vous en prie, cela me brise le cœur.

LE CLOWN

Quelle sorte de drôle était-ce, votre voleur ?

AUTOLYCUS

Un drôle, monsieur, que j'ai vu souvent ici ou là, à vendre des trous-madame. Je l'ai connu aussi au service de notre prince... Mon bon monsieur, je ne puis vous dire pour laquelle de ses vertus ç'a été, mais c'est un fait qu'on l'a chassé de la cour.

LE CLOWN

Vous voulez parler de ses vices. Les vertus ne sont pas chassées de la cour, on les y choie pour qu'elles y restent. Pourtant elles n'y sont jamais qu'en passant, c'est vrai.

AUTOLYCUS

Oui, monsieur, je voulais parler de ses vices. C'est un homme que je connais bien, il a été ensuite montreur de singes, puis auxiliaire de justice, huissier, puis il a monté avec les marionnettes un spectacle de l'Enfant Prodigue, et épousé la femme d'un rétameur à moins d'un mille de ma terre et de ma maison. Et après avoir essayé beaucoup de vilains métiers, il s'est établi vagabond. Certains l'appellent Autolycus.

LE CLOWN

Au diable celui-là ! C'est un fripon, sur ma vie, un fripon ! Il hante les assemblées de village, les foires, les combats d'ours.

AUTOLYCUS

C'est bien vrai, monsieur. Et c'est lui, monsieur, c'est lui qui m'a mis dans cet appareil.

LE CLOWN

Il n'y a pas de gueux plus couard dans toute la Bohême. Vous n'aviez qu'à prendre un air mauvais, et lui cracher dessus, il courrait encore.

AUTOLYCUS

Je dois vous avouer, monsieur, que je ne suis pas trop bagarreur. Je manque de cœur de ce côté-là, et il le savait, je vous l'assure.

LE CLOWN

Comment vous sentez-vous, maintenant ?

AUTOLYCUS

Adorable monsieur, beaucoup mieux ! Je me tiens debout, et je marche. Je vais même prendre congé de vous, et m'en aller tout doucement chez mon parent.

LE CLOWN

Faut-il que je vous mette sur le chemin ?

AUTOLYCUS

Non, charmant monsieur, cher monsieur.

LE CLOWN

Alors, adieu. Il faut que j'aille acheter des épices pour notre fête des tondaisons.

AUTOLYCUS

Soyez heureux, cher monsieur ! *(Le Clown sort.)* Votre bourse n'est plus assez ardente pour vous procurer des épices. Je vous retrouverai à votre fête des tondaisons. Si de cette filouterie je n'en fais sortir une autre, si je ne fais pas des tondeurs autant de moutons, qu'on me raye des listes, et que mon nom soit inscrit dans le livre de la vertu.

Il chante.

Flânons, flânons, le long du sentier,
Et sautons joyeux par-dessus la haie.
Cœur joyeux bondit toute la journée
Mais âme maussade est bientôt vannée.

Il sort.

SCÈNE IV

La chaumière du berger

FLORIZEL *et* PERDITA, *en déguisements de fête.*
Elle en Flore, lui en jeune pâtre.

FLORIZEL

Cette parure inaccoutumée[12]
Donne à tous vos attraits une vie nouvelle.
Vous n'êtes plus une bergère, mais Flore,
Celle des prémices d'avril. Et votre fête
Est l'assemblée de tous les petits dieux
Dont vous êtes la souveraine.

PERDITA

Messire, mon beau seigneur !
Cela ne m'irait pas, de vous gronder
Pour vos extravagances ; pardonnez-moi

Même d'en faire état... Votre noble personne,
Le gracieux point de mire de ce pays,
Vous l'avez obscurcie d'un habit de pâtre.
Et moi, pauvre humble fille, vous me parez
D'un éclat de déesse ! Si la folie
N'était pas au menu de toutes nos fêtes
Et digérée, comme par habitude, je rougirais
De vous voir ainsi déguisé ; et je pourrais défaillir
Si je prenais un miroir.

FLORIZEL

Que béni soit le jour
Où mon heureux faucon a pris son essor
À travers les champs de ton père !

PERDITA

Puisse Jupiter vous donner raison !
Pour moi, la différence de nos rangs
Est une cause d'épouvante — Votre Grandeur,
Elle, n'a pas l'habitude de craindre. En ce moment
Je tremble de penser que le hasard
Pourrait vouloir que votre père arrive ici
Comme vous l'avez fait. Oh, mon malheureux sort !
Quel visage nous ferait-il, voyant son œuvre si noble
Si pauvrement reliée ? Que nous dirait-il ? Et comment,
Sous ces atours d'emprunt, pourrais-je, moi,
Soutenir son regard sévère ?

FLORIZEL

Ne pensez qu'au plaisir ! Les dieux eux-mêmes,
Humiliant leur divinité devant l'amour,
Ont pris la forme des bêtes. Jupiter
S'est fait taureau et a mugi. Le vert Neptune

A bêlé, devenu bélier. Et celui qui se vêt de feu,
Apollon, le dieu d'or, s'est changé en bien humble pâtre
Comme je le fais maintenant... Leurs métamorphoses
N'ont jamais prétendu à beauté plus rare
Ni à des fins aussi chastes : car mes désirs
Ne bousculeront pas mon honneur. Mes désirs
Ne sont pas plus ardents que ne l'est ma foi.

PERDITA

Oh, monseigneur,
Votre résolution ne pourra tenir
Quand s'y opposera le pouvoir du roi !
Et alors de deux choses l'une, fatalement :
Ou vous renoncerez à votre projet
Ou moi à cette vie.

FLORIZEL

Très chère Perdita,
De ces folles pensées n'assombris pas
La joie de cette fête. Ou je serai à toi, ma belle,
Ou je ne serai plus un fils. Je ne pourrais
Être moi-même, ou rien pour quelqu'un d'autre,
Si je ne suis à toi. J'y suis bien résolu,
Même si le destin proteste. Ô charmante, sois gaie,
Étrangle les pensées de cette sorte avec
La première chose aperçue... Voici vos invités,
Faites-leur bon visage : comme au jour
Où seront célébrées nos noces. Nous avons
Juré tous deux qu'il viendrait.

PERDITA

Ô Fortune, dame Fortune,
Soyez-nous favorable !

Entrent le berger, le Clown, Mopsa, Dorcas ;
et Polixène et Camillo, déguisés.

FLORIZEL

Voyez, vos invités arrivent.
Apprêtez-vous à faire joyeux accueil.
Il faut que la gaieté nous empourpre tous.

LE BERGER

Honte, honte, ma fille ! Quand ma vieille femme vivait,
Elle était, un tel jour, le panetier
Le cuisinier, l'échanson ; à la fois dame et servante,
Fêtant chacun, le servant ; chantant, dansant,
Tantôt ici, au haut bout de la table
Et tantôt là, au milieu. Au bras de l'un, puis de l'autre[13]
Et le visage enflammé de fatigue, mais ne prenant
Rien pour noyer ce feu qu'offert à tous à la ronde !
Vous, comme une invitée, vous vous tenez à l'écart
Quand vous êtes l'hôtesse ! Je vous en prie,
Allez fêter ces amis inconnus : c'est le moyen
De se lier, oui, de se mieux connaître. Empressez-vous,
Et sans rougir et pour ce que vous êtes
Présentez-vous : la Reine de la Fête. Allez, allez,
Faites accueil à votre fête des tondaisons
Si vous voulez que votre heureux troupeau reste
   prospère.

PERDITA

(À Polixène.) Soyez le bienvenu, monsieur !
C'est le vœu de mon père, que je me fasse
L'hôtesse de ce jour... *(À Camillo.)* Vous êtes le bienvenu.
Donne-moi de ces fleurs, Dorcas... Dignes messieurs,

Voici du romarin et de la rue, qui gardent
Tout au long de l'hiver l'éclat et le parfum.
Avec vous soient la grâce et le souvenir,
Et soyez bienvenus à la tondaison.

POLIXÈNE

Bergère,
Belle bergère que vous êtes, vous faites bien
D'apparier à notre âge ces fleurs d'hiver.

PERDITA

Maintenant que l'année vieillit, messire,
Et avant que l'été ne meure, et que ne renaisse
Le frissonnant hiver, les plus charmantes fleurs
De la saison, c'est l'œillet, c'est la rose d'Inde[14]
Qu'on dit parfois les bâtards de nature.
Mais notre humble jardin n'en offre pas
Et je n'en veux pas de boutures.

POLIXÈNE

Et pourquoi les dédaignez-vous, gracieuse fille ?

PERDITA

Parce que j'ai ouï dire
Qu'il est un art qui, pour les diaprer,
Collabore avec la nature créatrice.

POLIXÈNE

Et quand cela serait ! Puisque la nature
Ne serait amendée que par des moyens
Qu'elle-même a produits ! Il y a dans cet art
Qui ajoute, comme vous dites, à la nature,
L'art secret de cette nature. Aimable enfant,

Nous marions, voyez-vous, une greffe plus noble
À un tronc plus sauvage, nous fécondons
D'un bourgeon plus racé une écorce plus rude
Et c'est bien là un art, et qui va corriger,
Ou modifier, plutôt, la nature ; mais l'art
Est lui-même nature.

PERDITA

C'est vrai.

POLIXÈNE

Agrémentez d'œillets votre jardin
Sans les traiter de bâtards.

PERDITA

Je ne mettrai le plantoir en terre
Pour une seule de leurs boutures !
Pas plus que je ne voudrais, fussé-je fardée,
Que ce jeune homme m'en admirât, et pour rien
    d'autre
Éprouvât le désir de me rendre mère... Voici vos fleurs.
L'âcre lavande[15], la menthe et la sarriette, la marjolaine,
Le souci qui se couche avec le soleil
Et se lève avec lui, pleurant... Ce sont là les fleurs
Du milieu de l'été, et je crois qu'on les donne
Aux hommes d'âge moyen... Vous êtes les bienvenus.

CAMILLO

Si j'étais de votre troupeau, je cesserais vite
De paître, et je vivrais de vous regarder.

PERDITA

Hélas,

Vous seriez vite si maigre que les bourrasques
De janvier vous transperceraient, de part en part.
(*À Florizel.*) Oh, mon si bel ami, je voudrais avoir
De ces fleurs du printemps, qui peuvent dire
Votre jeune saison... (*à Mopsa et ses amies*) et la vôtre et
    la vôtre,
Vous qui portez toujours, sur vos branches pures,
Votre virginité en fleur... Ô Proserpine,
Que n'ai-je encor les fleurs qu'en ton effroi,
Du char de Pluton tu laissas tomber ! Le narcisse
Qui point avant que l'hirondelle ne se risque
Et qui émeut les vents de Mars de sa beauté,
Et la violette, sombre mais plus suave
Que les paupières de Junon ou que l'haleine
De Cythérée. Les pâles primevères
Qui meurent non mariées, sans avoir vu
Dans tout son feu Phébus — et c'est un mal
Très fréquent chez les jeunes filles. Les audacieuses
Primeroles, la couronne de l'empereur, tous les iris
Et dans leur nombre la fleur de lys. Oh, que ceux-là
Me manquent, pour vous en faire des guirlandes,
Et, mon très doux ami,
Pour l'en joncher sur tout, sur tout le corps.

FLORIZEL

Eh, comme un mort ?

PERDITA

Non, comme un pré, pour les jeux de l'amour
Et son repos. Un mort ? Oui, pour l'ensevelir
Bien vivant toujours dans mes bras. Allons, prenez
    vos fleurs.
Je crois bien que je joue comme j'ai vu faire

Aux pastorales de Pentecôte... Sûr que c'est cette robe
Qui me fait perdre la tête !

FLORIZEL

Ce que vous faites l'emporte
Sur tout ce qui fut fait. Quand je vous écoute,
    charmante,
Je voudrais que ce fût toujours. Quand vous chantez,
C'est en chantant que je voudrais vous voir acheter,
    vendre,
Faire l'aumône, prier ; et vos ennuis,
Les chanter, eux aussi, pour qu'ils ne soient plus.
    Quand vous dansez,
Je voudrais que vous fussiez une vague de haute mer
Pour à jamais ne faire que danser : un mouvement
Toujours, toujours repris, sans autre fin
Que soi-même... Oh, chacun d'entre tous vos actes,
Si singuliers dans leurs moindres détails,
Couronne ce que vous faites, en cet instant,
Si bien que tout en vous est d'une reine.

PERDITA

Doriclès,
Vos éloges sont bien trop grands. Votre jeunesse
Et le beau sang généreux qui l'empourpre
Montrent en vous, c'est vrai, l'innocent berger,
Sinon, mon Doriclès, je serais sage de croire
Que ce n'est pas pour le bon motif
Que vous me faites la cour.

FLORIZEL

Vous avez aussi peu de raisons de craindre
Que je n'ai de désirs de vous en donner.

Mais, venez, je vous prie, c'est notre danse.
Ma Perdita, donnez-moi la main ! Les tourterelles
Se rapprochent ainsi, pour à jamais demeurer unies.

PERDITA

J'en jurerais pour elles.

Ils s'éloignent.

POLIXÈNE

C'est bien la plus jolie petite paysanne
Qui ait jamais couru sur le vert gazon.
Tout ce qu'elle fait ou laisse paraître
Sent un je ne sais quoi de plus grand qu'elle,
De trop noble pour cet endroit.

CAMILLO

Il lui dit quelque chose
Qui lui remue tout le sang. Oh, c'est vraiment la reine
De la crème et du lait caillé.

LE CLOWN

Allons ! Les musiciens !

DORCAS

Sûr que Mopsa est votre maîtresse. Sainte Vierge !
Prenez de l'ail pour supporter ses baisers !

MOPSA

Je te revaudrai ça[16] !

LE CLOWN

Plus un mot, plus un mot, nous sommes en place.
En avant, la musique !

Ici, une danse de bergers et de bergères.

POLIXÈNE

S'il vous plaît, mon brave berger, quel est ce beau pâtre
Qui danse avec votre fille ?

LE BERGER

C'est Doriclès ; il se vante
D'avoir de beaux pâturages, ce que je crois,
Bien que lui seul me l'assure : il me paraît
La sincérité même... Il dit qu'il aime ma fille
Et je n'en doute pas. Jamais la lune
Ne s'est mirée dans l'eau aussi complaisamment
Que lui quand il s'attarde à lire dans les yeux
De mon enfant. Pour bien tout vous dire,
Je ne vois pas, entre leurs deux ferveurs,
L'écart d'un demi-baiser.

POLIXÈNE

Elle danse à merveille.

LE BERGER

Comme elle fait toutes choses ! Bien que je dise
Ce qu'il faudrait que je taise : si Doriclès
Se décide pour elle, il en recevra
Une dot à laquelle il ne songe guère.

Entre un serviteur.

LE SERVITEUR

Ô mon maître ! Si vous aviez seulement entendu le
colporteur qui est à la porte, vous ne voudriez plus
jamais danser au son du tambourin et du fifre. Non, la

cornemuse ne pourrait plus vous toucher. Il chante toutes sortes de chansons plus vite que vous ne compteriez votre argent. Il les détaille si plaisamment qu'on dirait qu'il a avalé des romances, et toutes les oreilles s'élargissent pour l'écouter.

LE CLOWN

Il ne pouvait mieux tomber ! Qu'il entre ! Je n'aime que trop les romances, quand c'est un lamentable récit sur une musique joyeuse, ou une jolie drôlerie psalmodiée sur un air lugubre.

LE SERVITEUR

Il a des chansons pour les hommes ou les femmes, de toutes tailles. Pas une modiste ne vous ganterait aussi bien. Il a les plus jolies chansons d'amour pour les filles, sans rien de grivois, ce qui est exceptionnel, et avec des refrains si délicats, pleins de « trou-la-la » et de queues, et de « Sautons-la » et de « Bourrons-la » ! Et si quelque grande gueule y voit, comme qui dirait, malice et y met de vilaines parenthèses, il fait répondre à la fille un « Oh, oh, laissez-moi, bonhomme ! ». Elle le repousse, elle s'en défait avec un « Oh, oh, laissez-moi, bonhomme ! ».

POLIXÈNE

Voilà un brave garçon.

LE CLOWN

Crois-moi, tu parles là d'un gars de beaucoup d'esprit. A-t-il de la marchandise neuve ?

LE SERVITEUR

Des rubans de toutes les teintes de l'arc-en-ciel. Des

points, plus minutieux que n'en pourraient soulever
tous les docteurs et juristes de la Bohême, alors que
lui, il vous les étale par douzaines. Ganses, tricot,
linon et batiste. Il les met en chansons comme si
c'était des dieux, des déesses. Vous croiriez d'une
chemise[17] qu'elle est l'épouse d'un ange, tant il en
peut célébrer la délicatesse de poignet, et ce que l'on
y peut faire, sur le devant.

LE CLOWN

Va le chercher, je t'en prie, et fais qu'il vienne en
chantant.

PERDITA

Dis-lui bien de ne rien chanter d'inconvenant.

LE CLOWN

Oh, sœurette, ils ont plus de tours dans leur sac, certains de ces colporteurs, que vous ne pourriez l'imaginer.

PERDITA

Sûr, mon bon frère, et je ne m'y risquerai pas.

Entre Autolycus, chantant.

AUTOLYCUS

Blanc linon, neige tombée,
Crêpe noir comme corbeau
Et ces gants de fraîche peau
Comme roses satinées ;
Masques pour visage ou nez,
Bracelets de jais ou d'ambre,
Tous les parfums pour la chambre

De celle que vous aimez ;
Coiffes d'or et gorgerettes,
Garçons, faites-en l'emplette,
Épingles, fers à friser,
Parez de la tête au pied
Celle à qui vous faites fête.
Allons, allons, achetez,
Allons, allons, achetez,
Sinon elle va pleurer.
   Allons, achetez.

LE CLOWN

Si je n'étais pas amoureux de Mopsa, tu n'aurais pas un sou de moi, mais je lui suis asservi et quelques gants et rubans vont tomber aussi sous sa coupe.

MOPSA

Vous me les aviez promis avant la fête, mais maintenant ce ne sera pas trop tard.

DORCAS

Il vous a promis bien autre chose, ou il y a des menteurs.

MOPSA

Vous, il vous a donné tout ce qu'il a pu vous promettre : et peut-être bien quelque chose en plus, que vous auriez honte de lui rendre.

LE CLOWN

Est-ce donc que les filles ne savent plus se tenir ? Vont-elles porter le jupon là où il faudrait le visage ? N'y a-t-il pas l'heure de la traite, ou d'aller au lit, ou

de l'étuve, pour vous chuchoter vos secrets, faut-il
que vous fassiez vos caquets devant tous nos hôtes ?
Heureusement qu'ils sont à se parler bas. Tenez vos
langues, et plus un mot.

MOPSA

Fini... Ah, vous m'aviez promis un ruban de soie[18] et
une paire de gants parfumés.

LE CLOWN

Ne t'ai-je pas dit comment j'ai été filouté sur le chemin, et comment j'ai perdu tout mon argent ?

AUTOLYCUS

Pour sûr, monsieur, que les filous ne manquent pas
sur les routes ; et c'est pourquoi il est bon de se tenir
sur ses gardes.

LE CLOWN

Ne crains rien, mon ami, ce n'est pas ici que tu per-
dras quelque chose.

AUTOLYCUS

Je l'espère, monsieur, car j'ai avec moi beaucoup
d'objets de valeur.

LE CLOWN

Qu'as-tu ici ? Des romances ?

MOPSA

Achetez-en, je vous prie ! J'aime tant les romances
imprimées, au moins on est sûr qu'elles sont vraies.

AUTOLYCUS

En voici une, sur un air triste à périr, de la femme
d'un usurier, comment elle accoucha d'un seul coup
de vingt sacs d'argent, et comment elle eut des envies
de crapauds et de têtes de vipère, bien grillées.

MOPSA

Est-ce vrai, croyez-vous ?

AUTOLYCUS

Tout à fait vrai. Il n'y a qu'un mois de cela.

DORCAS

Le Ciel me préserve d'épouser un usurier !

AUTOLYCUS

Voici l'attestation de la sage-femme, une Madame
Conte-Sornette, et de cinq ou six respectables dames
mariées qui étaient présentes. Pourquoi colporterais-
je des fariboles ?

MOPSA

Je vous en prie, achetez.

LE CLOWN

Allons, mets-la de côté. Et voyons d'abord d'autres
romances. Nous achèterons tout à l'heure les autres
choses.

AUTOLYCUS

Cette autre-là, d'un poisson qui s'est montré au rivage,
un mercredi quatre-vingt avril, à quarante mille brasses

au-dessus de l'eau, et qui a chanté, contre le cœur dur des jeunes filles, cette romance-ci, justement. On a pensé que c'était une femme, et qu'elle avait été changée en ce poisson, tout glacé, parce qu'elle n'avait pas voulu faire œuvre de chair avec celui qui l'aimait. La romance est très lamentable, et tout aussi vraie que la précédente.

DORCAS

Aussi vraie que l'autre, croyez-vous ?

AUTOLYCUS

Elle porte la griffe de cinq juges, et il y a eu plus de confirmations par écrit que mon ballot n'en pourrait tenir.

LE CLOWN

Mets-la aussi de côté. Une autre encore.

AUTOLYCUS

Celle-ci est joyeuse, mais très jolie.

MOPSA

Il nous en faut des joyeuses.

AUTOLYCUS

Eh bien, elle est tout à fait joyeuse, sur l'air de « Deux filles le courtisaient »... Il n'y a guère de fille dans l'Ouest qui ne la fredonne. Elle est demandée, je peux vous le dire !

MOPSA

Nous savons la chanter, toutes les deux. Si tu veux

prendre une des parties, tu vas l'entendre — c'est pour trois voix.

DORCAS

Nous avons appris l'air il y a un mois.

AUTOLYCUS

Je peux tenir ma partie. C'est mon métier de vous rattraper, sachez-le bien.

Chanson.

AUTOLYCUS

Je m'en vais, écartez-vous,
Ne me demandez pas où.

DORCAS

Où ?

MOPSA

Oh, où ?

DORCAS

Où ?

MOPSA

C'est conforme à ton serment
De me dire tes tourments.

DORCAS

Et à moi ! Je viendrais bien.

MOPSA

À la grange ou au moulin ?

DORCAS

Si c'est là, ce n'est pas bien.

AUTOLYCUS

Mais non.

DORCAS

Comment, non ?

AUTOLYCUS

Mais non.

DORCAS

Tu m'as juré ton amour.

MOPSA

Et moi, de m'aimer toujours.
Alors, où vas-tu, où, où ?

LE CLOWN

Nous allons chanter cette chanson tout à l'heure, et entre nous. Mon père et ces messieurs sont en grave conversation, et il ne faut pas les déranger. Allons, accompagne-moi avec ton ballot. Fillettes, j'achèterai pour vous deux. Colporteur, donne-nous du premier choix. Venez avec moi, les filles !

Ils sortent.

AUTOLYCUS, *à part.*

Et tu vas payer le bon prix.

Il les suit, en chantant :

Prenez-moi du cordonnet,
De la dentelle pour vos collets,
Petits canards, mes chéries.
De la soie, du fil, des lacets,
Des voilettes et des plumets,
C'est la mode la plus jolie.
Achetez au colporteur,
L'argent est un fureteur
Qui toutes choses délie.

Revient le serviteur.

LE SERVITEUR

Mon maître, il y a là trois rouliers, trois bergers, trois bouviers et trois porchers qui se sont accoutrés en hommes à poils — des sauteurs[19], ils se sont baptisés sauteurs — et qui font une de ces danses ! Les filles disent que ce n'est rien qu'une galimafrée de gambades, parce qu'elles n'y ont pas de place, mais elles-mêmes sont bien d'avis que, sinon pour les délicats qui ne connaissent à peu près que le jeu de boules, c'est un spectacle très amusant.

LE BERGER

Au diable ! Nous n'en voulons pas. Il y a eu déjà beaucoup trop de minables bouffonneries... J'en suis sûr, monsieur, nous vous ennuyons.

POLIXÈNE

Vous ennuyez ceux qui nous divertissent ! S'il vous plaît, voyons ces quatre trios de pâtres.

LE SERVITEUR

Un de ces trios, à les en croire, monsieur, a dansé
devant le roi. Et l'un des trois, qui n'est pas le pire,
ne saute pas moins de douze pieds et demi, à la toise.

LE BERGER

Cessez votre bavardage, et qu'ils entrent, puisque
cela fait plaisir à ces honorables messieurs ; mais du
coup, en vitesse !

LE SERVITEUR

Oh, monsieur, ils sont à la porte.

Ici, une danse de douze Satyres.

POLIXÈNE

Mon brave, vous en saurez bientôt davantage.
(*À Camillo.*) N'est-ce pas trop avancé ? Il est temps de
    les séparer.
Il est naïf et parle beaucoup... (*À Florizel.*) Eh bien,
    gracieux berger ?
Votre cœur semble plein de quelque pensée
Qui vous distrait de la fête. Sûr, lorsque j'étais jeune
Et que j'accompagnais comme vous ma mie,
Je ne manquais jamais de l'accabler de babioles.
J'aurais pillé, et versé à ses pieds,
Tout le charmant trésor du colporteur
Que vous avez laissé partir sans lui marchander une
    épingle !
Si votre belle le prenait mal, et vous le reprochait
Comme un manque d'amour ou de gentillesse,
Vous seriez bien en peine pour lui répondre,
Pour peu que vous teniez à la rendre heureuse.

FLORIZEL

Je sais, vieil homme,
Qu'elle n'a pas le goût de ces vétilles.
Les présents qu'elle attend de moi sont empaquetés
Et enclos dans mon cœur, je les ai déjà
Donnés, sinon délivrés... Oh, laisse-moi te dire mon
    âme
Devant ce digne vieillard qui, semble-t-il,
A aimé, dans son temps. Je prends ta main
Aussi douce que le duvet de la colombe
Et aussi blanche que la dent de l'Éthiopienne
Ou que la neige vannée deux fois par les bourrasques
    du Nord !...

POLIXÈNE

Qu'est-ce qui va suivre ?
Avec quelle grâce ce jeune pâtre
Semble purifier cette main si pure déjà !
Mais j'ai interrompu ce serment d'amour.
Votre déclaration ! Je veux l'entendre.

FLORIZEL

Écoutez-moi ! Je vous prends à témoin.

POLIXÈNE

Et celui-ci aussi, qui m'accompagne ?

FLORIZEL

Lui, et d'autres que lui, et tous les hommes
Et cette terre, et les cieux, et tout...
Eussé-je sur le front la plus impériale couronne
Et en fussé-je digne ; fussé-je le plus beau jeune homme

Qui ait jamais ébloui les yeux ; eussé-je force et savoir
Plus qu'aucun homme d'aucun temps, je mépriserais
    tout cela
Si je n'avais son amour. Et j'en ferais usage
Pour elle seulement, je vouerais mes vertus
À la servir ! Quitte, éconduit,
À n'en plus vouloir que la ruine !

POLIXÈNE

Voilà une offre loyale.

CAMILLO

Et qui prouve un profond amour.

LE BERGER

Mais vous, ma fille,
Pouvez-vous lui en dire autant ?

PERDITA

Je ne saurais
Rien dire de si beau, certes, ni mieux penser.
Sur le patron de mes sentiments, toutefois,
Je mesure les siens, et leur pureté.

LE BERGER

Donnez-vous donc la main, l'affaire est faite.
Et vous, amis inconnus, soyez mes témoins :
Je lui donne ma fille, avec une dot
Équivalente à la sienne.

FLORIZEL

Oh, cette dot,
C'est la vertu de votre fille ! À la mort de quelqu'un

J'hériterai de plus que pour l'instant
Vous ne pourriez le rêver. Que vous serez surpris !
Mais, vite, engageons-nous devant ces témoins.

LE BERGER

Donnez-moi votre main,
Et vous, ma fille, la vôtre.

POLIXÈNE

Doucement, jeune pâtre ! Un instant, je vous prie,
N'avez-vous pas un père ?

FLORIZEL

Si. Mais pourquoi ?

POLIXÈNE

L'avez-vous mis au courant ?

FLORIZEL

Il ne l'est pas, et ne le sera pas.

POLIXÈNE

Il me semble qu'un père,
Aux noces de son fils, c'est l'invité
Qui convient le mieux à la table... Je vous en prie,
Votre père n'est pas devenu inapte
Aux affaires sérieuses ? Il n'est pas assotti
Par l'âge ou les rhumatismes ? Il peut parler ? Et
    entendre ?
Distinguer un homme d'un autre, défendre ses
    intérêts ?
Serait-il cloué à son lit ? Serait-il tombé
Dans une nouvelle enfance ?

FLORIZEL

Du tout, monsieur.
Il se porte fort bien, il est même plus vigoureux
Qu'on ne l'est souvent à son âge.

POLIXÈNE

Par ma barbe blanche,
S'il en est ainsi, vous lui réservez
Une offense indigne d'un fils. La raison veut
Que mon enfant choisisse son épouse,
Mais tout autant elle veut que le père
Soit consulté, lui qui n'a plus de joie
Que dans l'espoir d'une belle lignée.

FLORIZEL

Je vous l'accorde.
Mais pour certaines autres raisons, mon grave
    monsieur,
Qu'il ne sied pas que vous connaissiez, je ne dirai rien
De mes projets à mon père.

POLIXÈNE

Dites-les-lui !

FLORIZEL

Certes pas.

POLIXÈNE

Je t'en prie, dis-les-lui !

FLORIZEL

C'est impossible.

LE BERGER

Fais-le, mon fils. Quand il saura ton choix,
Il n'aura pas sujet d'être fâché.

FLORIZEL

Non, non, c'est impossible.
Voyons notre contrat.

POLIXÈNE, *se démasquant.*

Votre acte de divorce, petit monsieur
Que je m'en voudrais d'appeler mon fils ! Car tu es
  bien trop vil
Pour mériter ce nom, toi, l'héritier du trône
Qui brigue une houlette !... Ah, toi, vieux traître,
Je regrette, en te faisant pendre, de ne pouvoir
Léser ta vie que d'une semaine... Et toi, beau brin
De parfaite sorcière, et qui devais savoir,
Bien sûr, quel royal imbécile tu fréquentais...

LE BERGER

Oh, mon cœur !

POLIXÈNE

... Je ferai écorcher ta beauté avec des ronces
Et te rendrai plus vilaine
Que ta condition de fermière... Pour toi, mon joli cœur,
Si seulement j'apprends que tu soupires
Du regret de cette breloque, que j'entends bien
Que tu ne verras plus, nous te déshéritons,
Nous ne t'estimons plus de notre sang, ni de nous
  plus proche
Que toute autre progéniture de Deucalion. Retiens
  cela !

Et suis-nous à la cour... Rustre, pour cette fois,
Bien que pèse sur toi notre déplaisir,
Sois exempt de son coup mortel. Et toi, ensorceleuse,
Qui es bien digne d'un berger, oh, et de lui aussi
Qui, mis à part l'honneur dont il a la charge,
S'est rendu indigne de toi — si, désormais,
Tu soulèves pour lui ton loquet rustique
Ou encercles son corps de nouvelles étreintes,
J'inventerai pour toi une mort aussi dure
Que tu es délicate.

Il sort.

PERDITA

Même devant lui, déconfite,
Je n'ai pas eu trop peur ; une ou deux fois
J'ai failli lui parler, pour lui dire sans fard
Que le soleil qui brille sur sa cour
Ne se détourne pas de notre ferme, mais
Veille sur tous les êtres... Monsieur, partez, s'il vous
    plaît,
Je vous avais prédit ce qui adviendrait, et vous prie
De prendre soin de vous. Quant à mon rêve...
Maintenant que je suis bien réveillée,
Je ne le pousse pas à dame un instant de plus,
Mais je vais traire mes brebis, et je vais pleurer.

CAMILLO

Eh bien, vieux père !
Parle donc, avant de mourir.

LE BERGER

Je ne peux parler, ni penser.
Je n'ose pas savoir ce que j'ai appris. Ah, monsieur !

Vous avez perdu un homme de quatre-vingt-trois ans
Qui comptait bien descendre en paix au tombeau,
Oui, et mourir dans le même lit que son père
Et reposer tout près de ses respectables restes. Main-
  tenant,
C'est le bourreau qui m'ensevelira, qui me couchera
Dans une terre qu'aucun prêtre ne remue.
Ô misérable, ô maudite,
Tu savais qu'il était le prince et t'aventurais
À unir ta foi à la sienne. Perdu, perdu !
Si je pouvais mourir dans l'heure, ce serait
Au moment où je le désire.

FLORIZEL

Pourquoi me jetez-vous de tels regards ?
Je suis attristé, mais sans crainte ; et contrarié,
Mais nullement changé ; ce que j'étais, je le reste,
Car plus on me refrène, plus je résiste.
Je ne suis pas le chien que l'on tient en laisse.

CAMILLO

Mon gracieux prince,
Vous connaissez l'humeur de votre père. Pour
  l'instant,
Il ne vous laissera rien dire ; et je veux croire
Que vous n'y songez pas. Difficilement, je le crains,
Il supporterait de vous voir. Donc, tant que Son
  Altesse
Sera dans ce courroux, ne paraissez pas devant elle.

FLORIZEL

Je n'y songe pas... Camillo,
N'est-il pas vrai ?

CAMILLO

Lui-même, monseigneur.

PERDITA

Combien de fois, combien de fois vous ai-je dit
Que cela finirait ainsi ; que la grandeur
Que vous m'avez donnée
Ne pourrait pas survivre à sa découverte !

FLORIZEL

Elle ne peut finir que si je romps
La foi que j'ai jurée. Et, s'il en est ainsi,
Que la nature broie l'un contre l'autre
Les flancs de cette terre, et qu'y périssent tous les
    germes !
Lève les yeux ! Vous pouvez me déposséder, mon père,
J'hérite de mon amour.

CAMILLO

Écoutez un avis.

FLORIZEL

C'est ma passion que j'écoute. Si ma raison
Lui obéit, je serai raisonnable,
Et sinon mes esprits n'auront que la folie
Pour les séduire, et ils l'accueilleront !

CAMILLO

C'est de l'extravagance, monseigneur.

FLORIZEL

Si vous voulez ; mais qui tient mon serment
Et je dois bien y voir de l'honnêteté. Camillo, jamais,

Pour la Bohême et toutes ses pompes,
Pour tout ce que le soleil voit, ou que retient
Le sein terrestre, ou que dérobent les mers profondes
Dans leurs abîmes inconnus, je ne briserai le serment
Que j'ai fait à ma bien-aimée. Et je vous prie,
Vous l'ami de mon père, et toujours respecté,
De tempérer, quand il s'attristera de mon absence
(Car je suis résolu à ne plus le voir),
De vos bons conseils sa colère ; avec la Fortune
Je vais me colleter, entre-temps... Et ceci,
Sachez-le, et dites-le-lui : moi qui suis jeté à la mer
Avec celle que je ne puis faire mienne sur ce rivage,
J'ai par chance un vaisseau à l'ancre, tout près d'ici,
Que j'avais fait armer dans un autre but.
Quant à ma route, il ne vous servirait à rien de la
     connaître
Et je n'ai pas souci de vous la dire.

                    CAMILLO

Oh, monseigneur !
Je voudrais votre esprit plus attentif aux conseils
Ou plus ferme pour vous défendre.

                    FLORIZEL

Écoute, Perdita !
(À Camillo.) Je suis à vous tout de suite.

                    CAMILLO

Il est inébranlable.
Et résolu à fuir... Ah, quel bonheur pour moi,
Si je pouvais me servir de sa fuite
Et, tout en le sauvant, tout en lui prouvant
Mon dévouement, mon respect, retrouver

Ma Sicile chérie, et ce roi malheureux, mon maître,
Dont j'ai, de le revoir, si grande soif.

FLORIZEL

Maintenant, bon Camillo,
J'ai tant à faire, et des choses si délicates,
Que je vais vous quitter sans cérémonie.

CAMILLO

Monsieur,
Je crois que vous savez quels pauvres services
J'ai pu rendre, par affection, à votre père.

FLORIZEL

Vous avez mérité bien noblement
Sa reconnaissance, c'est vrai. C'est sa musique
Que de chanter vos louanges ; et ce n'est pas son
    moindre souci
Que vous récompenser comme il sait qu'il le doit.

CAMILLO

Dans ce cas, monseigneur,
Puisque vous voulez bien penser que j'aime le roi
Et avec lui ce qui lui est proche, c'est-à-dire
Votre gracieuse personne, écoutez seulement mes
    directives
Si tant est que votre projet plus important, plus ferme,
Puisse souffrir d'être modifié. Sur l'honneur !
Je vais vous dire où vous recevrez un accueil
Digne de votre rang ; où vous pourrez
Faire vôtre l'amie de laquelle, je vois,
Rien ne pourra vous séparer, sinon
(Que les Cieux nous protègent !) votre ruine ;

Où vous l'épouserez. Et moi, en votre absence,
Et de tous mes efforts, j'essaierai d'apaiser
La colère de votre père, et de l'induire
À de meilleurs sentiments.

FLORIZEL

Autant dire un miracle ! Camillo,
Comment nous sera-t-il donné de l'accomplir ?
Parle, que je te dise plus qu'un homme
Et qu'à jamais je me fie à toi.

CAMILLO

Avez-vous réfléchi
Au lieu où vous allez vous rendre ?

FLORIZEL

Pas encore,
Sauf que, cet accident imprévu étant cause
De notre aventureux départ, nous nous tenons
Pour les esclaves de la chance : des moucherons
Dans chaque vent qui pourra souffler.

CAMILLO

Alors, écoutez-moi :
Si vous ne voulez pas changer vos projets
Mais prendre votre vol, toujours — allez donc en Sicile
Et là présentez-vous, avec votre belle princesse
(Car je vois bien qu'elle le sera), devant Léonte.
Qu'elle soit habillée comme il convient
À la compagne de votre lit... Ah, je crois voir
Léonte ouvrir tout grands ses bras, dans un accueil
Bouleversé de larmes ; il te demande pardon, à toi, le
  fils,

Comme au père lui-même ; et il baise les mains
De votre jeune princesse ; et, toujours déchiré
Entre son injustice et sa bienveillance native,
Il voue l'une aux enfers et ordonne à l'autre
Qu'elle croisse plus vite que la pensée
Qui se délivre du temps.

CENTER FLORIZEL

Digne Camillo,
Quel prétexte lui donnerai-je, pour ma visite ?

CENTER CAMILLO

Que vous êtes mandé par votre père, le roi,
Pour le saluer, le réconforter ! Monseigneur,
Votre conduite, et ce dont, de la part,
Prétendument, de votre père, vous parlerez,
Choses connues de nous trois seuls, je vais l'écrire
En précisant ce qu'à chaque entrevue
Il vous faudra lui dire, pour qu'il soit sûr
Que vous êtes l'intime de votre père
Et que vous lui livrez le fond de son cœur.

CENTER FLORIZEL

Je vous suis obligé.
Ce n'est pas là un mauvais conseil.

CENTER CAMILLO

Cela vaut mieux
Qu'aventureusement de vous lancer
Sur la mer vierge, et vers des rives inconnues
Et beaucoup de misères, certes. Sans vrai espoir
Sauf à l'instant où vous en perdrez un
Pour un nouveau, fugitif. Et sans ressource

Que vos ancres, qui n'auront pas de meilleur emploi
Que de vous retenir où vous haïrez d'être.
En outre, sachez-le :
C'est la prospérité le vrai lien de l'amour,
Dont le teint délicat et le cœur même
S'altèrent dans le malheur.

PERDITA

Cela n'est vrai qu'à moitié.
Je crois que le malheur peut flétrir la joue,
Mais ne peut rien contre l'âme.

CAMILLO

Vraiment ? Vous le pensez ?
Alors d'ici sept ans, chez votre père,
Il n'en naîtra pas d'autre comme vous.

FLORIZEL

Mon cher Camillo,
Sa qualité native est tout aussi haute
Qu'elle est plus bas que nous par la naissance.

CAMILLO

Je ne puis dire que c'est dommage
Qu'on ne l'ait pas instruite : elle en remontrerait
À la majorité de ceux qui enseignent.

PERDITA

Pardon, monsieur !
Je rougis, c'est vous remercier.

FLORIZEL

Ma jolie Perdita...

Hélas, dans quelles ronces nous avançons ! Camillo,
Le sauveur de mon père et maintenant le mien,
Le médecin de notre maison. Qu'allons-nous faire ?
Nous n'avons pas le train du fils de Bohême,
Nous ne pourrons jamais nous montrer en Sicile.

CAMILLO

Monseigneur, n'ayez crainte.
Vous savez, il me semble, que tous mes biens
Sont là-bas. Ce qui fait que je puis veiller
À vous parer en roi, comme si la pièce
Que vous jouerez fût la mienne. Tenez,
Pour vous montrer vos ressources. Juste un mot.

> *Ils vont à l'écart.*
> *Entre Autolycus.*

AUTOLYCUS

Ah, ah ! quelle folle que l'honnêteté ! Et la confiance,
sa sœur jurée, quelle sotte créature ! J'ai vendu toute
ma camelote : pierres fausses, rubans, verroterie,
pommes d'ambre, broches, petits carnets, romances,
couteaux, cordonnet, gants, lacets de chaussure, bracelets, bagues de corne — il ne me reste rien pour empêcher que ma balle jeûne. Ils se bousculaient à qui
m'achèterait le premier, comme si mes colifichets
avaient été sanctifiés et valaient une bénédiction à leur
acheteur. Par ce moyen, j'ai vu quelles bourses avaient
la plus aimable apparence ; et ce que j'ai vu là, je l'ai
retenu pour mon profit. Mon paysan, auquel il
manque bien peu pour être un homme sensé, a tant
aimé la chanson des filles qu'il n'a pas bougé d'une
patte tant qu'il n'a pas eu l'air et les paroles, ce qui m'a

attiré le reste du troupeau, au point que tout le monde n'eut bientôt plus de sens que pour écouter ; vous auriez pincé une jupe que rien n'eût été senti ; et ce n'était rien que d'aller couper dans quelque braguette une bourse. J'aurais pu filouter des clefs attachées par une chaîne : rien d'entendu, rien de perçu, que la chanson du monsieur, dont le néant les gardait tous bouche bée. Si bien, dans ces minutes de léthargie, que j'ai cueilli et même fauché la plupart de leurs porte-monnaie d'un jour de fête ; et si le vieux n'était pas arrivé en tempêtant contre sa fille et le fils du roi, et n'avait chassé du tas de foin mes corneilles, je n'aurais pas laissé une bourse en vie dans toute l'armée.

> *Reviennent au premier plan Camillo,*
> *Florizel et Perdita.*

CAMILLO

Oui, mais mes lettres, étant de cette façon
Arrivées avant vous, lèveront ce doute.

FLORIZEL

Et celles que vous recevrez du roi Léonte ?

CAMILLO

Satisferont votre père.

PERDITA

Puissiez-vous réussir !
Tout ce que vous nous dites me semble bien.

CAMILLO, *voyant Autolycus.*

Qui est-ce là ?

Servons-nous de cet homme ; n'omettons rien
Qui puisse nous aider.

AUTOLYCUS, *à part.*

S'ils m'ont entendu, à l'instant... bon, c'est la potence.

CAMILLO

Eh quoi, mon brave, pourquoi trembles-tu comme
  cela ?
Ne crains rien, mon ami, on ne te veut pas de mal.

AUTOLYCUS

Je suis un pauvre diable, monsieur.

CAMILLO

Eh bien, reste-le ; aucun de nous ne va te voler cela.
Mais quant à l'apparence de ta pauvreté, il faut pourtant que nous fassions un échange : déshabille-toi sur-
le-champ (en te disant qu'il doit y avoir de bonnes raisons à cela), puis échange tes vêtements contre ceux
de ce gentilhomme. Bien que le profit ne soit guère
de son côté, n'aie crainte cependant, il y a une récompense.

Il lui donne de l'argent.

AUTOLYCUS

Je suis un pauvre diable, monsieur... *(À part.)* Je vous
ai bien reconnu.

CAMILLO

Allons, je te prie, fais vite ; le gentilhomme est à moitié dévêtu, déjà.

AUTOLYCUS

Parlez-vous sérieusement, monsieur ? *(À part.)* Je soupçonne la ruse.

FLORIZEL

Dépêche-toi, je te prie.

AUTOLYCUS

C'est vrai que j'ai eu des arrhes ; mais en toute
conscience, je ne puis pas les garder.

CAMILLO

Déboucle ! déboucle !

Autolycus rejoint Florizel.

Mon heureuse maîtresse (et puisse s'accomplir
Ce que je prophétise !), il faut vous retirer
En quelque abri : là, prendre le chapeau de votre
　　amoureux
Et vous l'enfoncer sur les yeux ; vous emmitoufler le
　　visage,
Vous dégrafer et, autant que possible, déguiser
Votre aspect véritable, pour mieux pouvoir
(Car je crains les regards) vous rendre à bord
Sans être reconnue.

PERDITA

Je vois que dans la pièce
Il y a un rôle pour moi.

CAMILLO

C'est obligé...
En avez-vous fini ?

FLORIZEL

C'est maintenant, si je rencontrais mon père,
Qu'il ne pourrait me dire son fils.

CAMILLO

Non, non, pas de chapeau !
Venez, madame, venez... *(À Autolycus.)* Adieu, mon ami !

AUTOLYCUS

Adieu, monsieur.

FLORIZEL

Oh, Perdita ! Qu'allions-nous oublier, tous deux ?
Je vous en prie, un mot.

CAMILLO, *à part.*

Maintenant ce que je vais faire, c'est dire au roi
Leur évasion et où ils vont aller.
J'espère bien l'influencer assez
Pour l'entraîner à leur suite ; et alors, en sa compagnie,
La Sicile, à nouveau ! Je suis comme une femme
Dans mon ardente envie de la revoir.

FLORIZEL

Que la Fortune nous aide !
Bien, Camillo, nous allons au rivage.

CAMILLO

Le plus vite sera le mieux.

Ils sortent.

AUTOLYCUS

Je comprends l'affaire, je l'entends. Avoir l'oreille au

guet, l'œil vif, la main preste, voilà ce qu'il faut au vrai tire-laine. Un bon nez aussi est requis, pour flairer la besogne des autres sens. Le temps est venu, je vois, où l'injustice va prospérer. Quel beau marché je faisais déjà, sans la commission ! Et quelle commission j'ai là, par-dessus le marché ! Sûr que les dieux sont de connivence avec nous, cette année ; sûr que tout va comme sur des roulettes. Le prince lui-même fait œuvre d'iniquité ; il se sauve de chez son père, avec sa chaîne sur les talons ; si je ne pensais pas qu'avertir le roi, c'est faire œuvre d'honnêteté, je l'avertirais. Mais je trouve plus de friponnerie à cacher la chose. Et en cela je reste fidèle à ma profession.

Entrent le Clown et le berger.

Cachons-nous, cachons-nous ! Voici encore de la besogne pour un cerveau en ébullition ; pas de bout de chemin, de boutique, d'église, de cour de justice ou d'alentour de potence qui n'offrent du travail à l'esprit industrieux.

Il se cache.

LE CLOWN

Voyez, voyez quel homme vous êtes à présent ! Pas d'autre solution que de dire au roi que c'est une enfant trouvée, qui n'est de votre chair ni de votre sang.

LE BERGER

Oui, mais écoute-moi.

LE CLOWN

Oui, mais écoutez-moi !

LE BERGER

Continue, alors.

LE CLOWN

Comme elle n'est de votre chair ni de votre sang, votre chair et votre sang n'ont pas offensé le roi ; et par conséquent il n'a pas à les punir, votre chair et votre sang. Montrez ces choses que vous avez trouvées auprès d'elle — toutes ces choses secrètes, sauf celles qui ne la quittent jamais ; et cela fait, laissez chanter la loi, je vous donne ma garantie.

LE BERGER

Je dirai tout au roi, oui, chaque mot, et aussi les fredaines de son fils ; qui, je puis l'affirmer, ne s'est pas conduit en honnête homme, ni envers son père, ni avec moi, puisqu'il avait en tête de me faire beau-frère de notre roi.

LE CLOWN

Beau-frère, en vérité, c'est le moins que vous auriez pu devenir, et alors votre sang eût été plus cher de je ne sais combien l'once.

AUTOLYCUS, *à part.*

Bien raisonné, pantins !

LE BERGER

Bien, allons voir le roi. Il y a des choses, dans ce paquet, qui lui feront se gratter la barbe.

AUTOLYCUS, *à part.*

Je ne sais pas si ces doléances ne vont pas faire obstacle à l'évasion de mon maître.

LE CLOWN

Souhaitons de tout notre cœur qu'il soit au palais.

AUTOLYCUS, *à part.*

Bien que je ne sois pas honnête par nature, je le suis quelquefois par accident... Rempochons notre fausse barbe de colporteur... Eh bien, rustres, où allez-vous de ce pas ?

LE BERGER

Au palais, n'en déplaise à Votre Honneur.

AUTOLYCUS

Vos affaires là-bas ? Dites lesquelles ? Et avec qui ? Allons, veuillez déclarer le contenu de ce paquet, votre adresse, vos noms, vos âges, votre avoir, votre naissance, tout ce qu'il faut qu'on sache sur vous.

LE CLOWN

Nous sommes des gens simples, messire.

AUTOLYCUS

Mensonge ! Vous êtes rudes et poilus. Je ne veux pas qu'on me mente, cela ne sied qu'aux marchands qui trop souvent nous donnent la comédie, à nous autres gens de guerre ; et encore les payons-nous avec du bon argent monnayé et non pas d'un acier tranchant ; si bien que leur comédie, autant dire qu'ils nous la vendent.

LE CLOWN

Votre Honneur allait nous taxer de comédie, mais il s'est pris en flagrant délit de bonnes manières[20].

LE BERGER

Ne vous en déplaise, monsieur, ne seriez-vous pas de la cour ?

AUTOLYCUS

Que cela me déplaise ou non, je suis de la cour. Ne vois-tu pas dans ces plis l'air de la cour ? Ma façon de marcher avec n'a-t-elle pas le rythme de la cour ? Ton nez ne reçoit-il pas de moi une odeur de cour ? Est-ce que je ne réfléchis pas sur ta vilenie un dédain de cour ? Crois-tu donc, parce que je t'enjôle pour démêler ton affaire, que je ne sois pas de la cour ? Je suis courtisan de pied en cap ; et un qui peut à son gré, soit pousser, soit contrarier ton affaire : c'est pourquoi je t'ordonne de me la faire connaître.

LE BERGER

Mon affaire, monsieur, est avec le roi.

AUTOLYCUS

Quel est ton avocat auprès de lui ?

LE BERGER

Je ne sais pas, ne vous en déplaise.

LE CLOWN, *bas.*

Avocat, c'est le mot de cour pour un faisan[21]. Dites que vous n'en avez pas.

LE BERGER

Je n'en ai pas avec moi, monsieur : aucun faisan, qu'il soit coq ou poule.

AUTOLYCUS

Quelle bénédiction de ne pas être un simple d'esprit ! Et pourtant la nature aurait pu me faire comme eux, ne les méprisons pas.

LE CLOWN

Ce ne peut être qu'un grand courtisan !

LE BERGER

Son vêtement est riche, mais il ne le porte pas de belle façon.

LE CLOWN

Il paraît d'autant plus noble qu'il est bizarre. Un grand monsieur, je vous le garantis. Je le vois à la manière dont il se cure les dents.

AUTOLYCUS

Ce paquet ? Qu'y a-t-il dans ce paquet ? Pourquoi ce coffret ?

LE BERGER

Monsieur, les secrets qui sont dans ce paquet, dans ce coffre, nul ne doit les connaître que le roi et avant une heure ils seront à lui, si je peux réussir à lui parler.

AUTOLYCUS

Vieillesse, tu t'es fatiguée en vain.

LE BERGER

Pourquoi, monsieur ?

AUTOLYCUS

Le roi n'est pas au palais, il est parti à bord d'un vaisseau nouveau pour se débarrasser de son humeur
noire et changer d'air. Car, si tu es l'homme des
choses sérieuses, tu dois savoir que le roi est plein de
douleur.

LE BERGER

En effet, monsieur, on le dit : pour son fils, qui voulait épouser une fille de berger.

AUTOLYCUS

Si ce berger n'est pas arrêté, qu'il se sauve ! Les cala-
mités, les tortures qu'il subira seront à briser une
échine d'homme et un cœur de monstre.

LE CLOWN

C'est là votre sentiment, monsieur ?

AUTOLYCUS

Et il ne sera pas seul à souffrir tout ce que la pensée
peut concevoir de pénible et la vengeance de sau-
mâtre. Car tous ceux qui lui sont apparentés, fût-ce
au cinquantième degré, vont tous finir entre les
mains du bourreau. C'est grand dommage, mais
nécessaire. Un vieux chenapan, siffleur de brebis,
gardeur de béliers, vouloir que sa fille soit majesté !
D'aucuns disent qu'il va être lapidé. Mais cette mort
est trop bénigne pour lui, à mon sens. Traîner notre

trône dans le bercail des moutons ! C'est trop peu de toutes les morts, et la plus cruelle encore est trop douce.

LE CLOWN

Le vieil homme a-t-il jamais eu un fils, monsieur ? L'avez-vous entendu dire, s'il vous plaît, monsieur ?

AUTOLYCUS

Il a un fils... qui sera écorché vif, puis enduit de miel et placé sur un nid de guêpes et gardé là jusqu'au moment où il sera mort plus qu'aux trois quarts ; et alors ranimé, avec de l'eau-de-vie ou quelque autre infusion de feu ; et exposé, tout saignant qu'il sera, au jour le plus brûlant que prédisent les almanachs, contre un mur de briques, le soleil dardant sur lui son regard le plus tropical, pour qu'il se voie dévoré à mort par les mouches. Mais pourquoi parlons-nous de ces misérables, de ces traîtres, dont les tourments ne méritent qu'un sourire, puisque leur péché est si capital ? Dites-moi, vous qui me paraissez de braves gens bien honnêtes, ce qui vous amène devant le roi : pour peu que vous me donniez quelque marque de votre considération, je vous conduirai à bord, près du roi, je vous présenterai à lui, et je lui glisserai quelques mots en votre faveur. S'il est un homme, après le roi, qui puisse faire aboutir vos requêtes, c'est bien celui qui est devant vous.

LE CLOWN, *bas.*

Il semble avoir une grande autorité ; approchez-vous de lui, donnez-lui de l'or. Bien que l'autorité soit aussi rétive qu'un ours, on peut souvent la mener par

le bout du nez avec de l'or : faites sentir la rondeur
de votre bourse au creux de sa main, et plus d'inquiétude ! Rappelez-vous : « lapidé » ! et « écorché vif » !

LE BERGER

S'il ne vous déplaît pas, monsieur, de prendre soin de
notre affaire, voici de l'or que j'ai avec moi : je puis
en réunir autant encore, et je vous laisserai ce jeune
homme en gage, jusqu'à ce que je vous aie rapporté
toute la somme.

AUTOLYCUS

Quand j'aurai fait ce que j'ai promis ?

LE BERGER

Oui, monsieur.

AUTOLYCUS

Bien, donnez-moi toujours la moitié !... Êtes-vous
impliqué dans cette affaire ?

LE CLOWN

En un sens, oui, monsieur ; mais bien que mon cas
soit pitoyable, j'espère ne pas être écorché vif.

AUTOLYCUS

Oh, cela, c'est le cas du fils du berger. Qu'il soit
pendu, pour l'exemple !

LE CLOWN, *bas.*

Quel réconfort, quel soulagement ! Il nous faut aller
jusqu'au roi et lui montrer nos étranges choses : qu'il
sache qu'elle n'est pas votre fille — ni ma sœur.

Sinon, c'en est fait de nous... *(À Autolycus.)* Monsieur, je vous donnerai autant que ce vieil homme, quand tout sera achevé, et je vous resterai en gage, comme il l'a dit, jusqu'à ce que l'or vous soit donné.

AUTOLYCUS

Je vous fais confiance. Allez tout droit, vers la mer, puis prenez à droite, je n'ai qu'un coup d'œil à jeter par-dessus la haie et je vous suis.

LE CLOWN

C'est une bénédiction que cet homme, une vraie bénédiction, ma parole.

LE BERGER

Avançons, comme il nous l'a dit. C'est le Ciel qui l'envoie pour nous sauver.

Ils sortent.

AUTOLYCUS

Eussé-je le désir d'être honnête que la Fortune, je le vois bien, ne le tolérerait pas ; elle me fait tomber le butin tout cuit dans la bouche. Me voici favorisé d'une double chance : de l'or, et un moyen de rendre service au prince, mon maître. Qui sait dans quelle mesure cela pourra aider mon avancement ? Je vais mener à son bord ces deux taupes, combien aveugles ! S'il juge bon de les faire redébarquer, et la supplique qu'ils veulent remettre au roi, s'il pense qu'elle ne saurait le concerner, lui, eh bien, qu'il me traite de coquin pour mon zèle démesuré, je suis à l'épreuve de ce mot-là et de la honte qui s'y attache... Je vais les lui présenter, ces deux-là, cela peut avoir de l'importance.

ACTE V

SCÈNE PREMIÈRE

La Sicile : une salle du palais de Léonte

LÉONTE, CLÉOMÈNE, DION, PAULINA
et d'autres.

CLÉOMÈNE

C'est bien assez, monsieur ! Votre douleur
A fait de vous un saint ; quelles que soient vos fautes,
Vous les avez rachetées ; que dis-je, vous avez
Plus expié que péché ; finissez-en,
Faites comme le Ciel a fait, oubliez vos torts
Et, comme il vous pardonne, pardonnez-vous.

LÉONTE

Tant que je pense à elle, dans ses vertus
Je ne peux m'empêcher de voir mes souillures
Et le tort que je me suis fait — si accablant
Qu'il a laissé mon trône sans héritier
Et détruit la plus douce des compagnes
Dont homme pût nourrir ses espérances.

PAULINA

Vrai, trop vrai, monseigneur !
Quand vous épouseriez toutes les femmes
Qui sont au monde ou preniez, de chacune,
Le meilleur pour en faire une œuvre parfaite,
Celle que vous avez tuée demeurerait
L'incomparable.

LÉONTE

Je le crois... Et tuée !
Je l'ai tuée ! J'ai fait cela. Mais tu me frappes
Cruellement, de le dire. C'est aussi dur
Dans ta bouche qu'en mon esprit... Oh, désormais,
Ne me le dis pas trop.

CLÉOMÈNE

Ne le dites jamais, madame !
Vous auriez pu lui dire tant d'autres choses
Plus opportunes, et qui eussent bien mieux
Témoigné de votre bonté !

PAULINA

Vous êtes un de ceux
Qui voudraient le voir remarié.

DION

Si ce n'est votre vœu,
Vous n'aimez guère l'État, ni ne pensez
Au bien de la dynastie ; imaginez un peu
Quels maux, si Sa Grandeur n'avait pas d'enfants,
Pourraient fondre sur son royaume, semant le trouble
Dans les esprits ! Notre tâche sacrée

C'est de nous réjouir de la béatitude
De feu la reine, au Ciel ; mais pour sauver le trône,
Soulager le présent, assurer l'avenir,
C'est vouloir à nouveau pour le lit royal
Cette bénédiction, une douce compagne.

PAULINA

Nulle n'en serait digne,
Après ce que fut l'autre... D'ailleurs, les dieux
Ne peuvent qu'accomplir leurs desseins secrets.
Le divin Apollon ne l'a-t-il pas dit,
N'est-ce pas la teneur de son oracle
Que le roi n'aura d'héritier
Que si est retrouvé son enfant perdu ?
Ce qui serait, pour l'humaine raison,
Tout aussi aberrant que si mon Antigone
Me revenait de la tombe ; lui, sur mon âme,
Qui est mort avec le petit enfant ! Votre conseil
Est-il que monseigneur affronte le Ciel
Et s'oppose à sa volonté ? *(À Léonte.)* Ne vous inquié-
    tez pas
De votre descendance ; la couronne
Trouvera héritier. Le grand Alexandre
Laissa la sienne au plus digne ; bonne façon
D'avoir le successeur le meilleur possible.

LÉONTE

Ma bonne Paulina ! qui, je le sais, vénères
Le souvenir d'Hermione, oh, que n'ai-je obéi
À tes conseils ! Je pourrais maintenant encore
Voir grands ouverts les yeux de ma reine, et piller
Le trésor de ses lèvres.

PAULINA

Pour les laisser plus riches
De ce don qu'elles auraient fait.

LÉONTE

Tu as dit vrai.
Nulle ne la vaudrait, donc pas d'épouse !
Une moins digne
Et mieux aimée ferait son âme sainte
Reprendre possession de son corps et, furieuse,
Crier sur cette scène, à nous, ses offenseurs :
Pourquoi, pourquoi me traitez-vous ainsi ?

PAULINA

Eût-elle ce pouvoir,
Sa cause au moins serait juste.

LÉONTE

Certes ! et elle m'enflammerait
Au point que je tuerais ma nouvelle femme.

PAULINA

Je le ferais, quant à moi.
Si j'étais un fantôme errant, je vous dirais
De regarder ces nouveaux yeux, et de me dire
Quel minable reflet vous aimez en eux.
Puis je crierais, à percer vos oreilles :
Ah, souviens-toi des miens !

LÉONTE

Oh, des étoiles !
Et tous les autres des tisons morts ! Paulina, n'aie crainte,
Je ne prendrai jamais une autre femme.

PAULINA

Jurerez-vous
De ne jamais le faire sans mon accord ?

LÉONTE

Paulina, jamais. Je le jure
Pour le salut de mon âme.

PAULINA

Nobles seigneurs, soyez témoins de ce serment.

CLÉOMÈNE

Vous lui demandez trop.

PAULINA

Jamais, jamais ! À moins qu'une autre femme
Qui soit, exactement, le portrait d'Hermione
Ne s'offre à ses regards.

CLÉOMÈNE

Allons, madame...

PAULINA

J'ai fini... Cependant,
Si monseigneur veut se marier..., si vous le voulez, sire...
Cela ne résout rien, mais vous le voulez... laissez-moi
le soin
De vous choisir une reine ; elle ne sera pas
Aussi jeune qu'était la vôtre, mais tellement
Son image que le fantôme de l'autre Hermione,
S'il erre parmi nous, se réjouira
De la voir dans vos bras.

LÉONTE

Paulina, ma fidèle,
Nous ne nous marierons que quand tu voudras.

PAULINA

Oui, que ce soit quand revivra la reine,
Jamais avant.

Entre un gentilhomme.

LE GENTILHOMME

Quelqu'un qui prétend être le prince Florizel,
Le fils de Polixène, et sa compagne (la plus belle
Princesse que j'aie vue) voudraient paraître
En votre auguste présence.

LÉONTE

Que lui est-il advenu ? Cette arrivée
Si soudaine et sans protocole, ni les marques
De la grandeur de son père, c'est à croire
Que la visite est à l'improviste : sa cause,
L'urgence ou un accident... Quelle est donc sa suite ?

LE GENTILHOMME

Peu de monde
Et plutôt de piètre apparence.

LÉONTE

Cette princesse avec lui, disiez-vous ?

LE GENTILHOMME

Ah ! Incomparablement la plus fine argile
Que je crois que le ciel ait éclairée !

PAULINA

Hermione !
Comme chaque moment s'enorgueillit
Aux dépens d'un passé même plus riche !
Voici que ton tombeau doit céder le pas
À ce qu'on voit aujourd'hui. Vous, monsieur, vous-
    même
Vous l'avez dit, vous l'avez écrit : qu'elle n'avait eu,
Qu'elle n'aurait jamais son égale. Mais aujourd'hui
Votre écrit est plus mort que ne l'est son thème,
Et vos vers débordant de sa beauté
Cruellement refluent, et vous nous dites
Que vous avez vu mieux !

LE GENTILHOMME

Pardon, madame.
L'une, je l'ai presque oubliée, excusez-moi,
Et l'autre, quand une fois elle a pris vos yeux,
Capture aussi votre langue. Cette femme,
Fonderait-elle une secte,
Éteindrait la ferveur des autres croyances
Et se ferait des prosélytes rien qu'en priant qu'on la
    suive !

PAULINA

Vraiment ? Et les femmes aussi ?

LE GENTILHOMME

Les femmes l'aimeront d'être une femme
Plus remarquable qu'aucun homme ; et en elle les
    hommes
Aimeront la plus rare d'entre les femmes.

LÉONTE

Cléomène, vous en personne,
Et entouré de vos nobles amis,
Allez les accueillir,
Conduisez-les à nos bras grands ouverts.

Cléomène sort.

C'est étrange, pourtant,
Qu'il vienne ainsi nous surprendre.

PAULINA

Si notre prince,
Joyau de toute enfance, eût connu cette heure,
Quelle paire eût-il faite avec ce seigneur !
Il n'y a pas un mois entre leurs naissances.

LÉONTE

Assez, je t'en supplie ! Tais-toi ! Tu le sais bien,
Qu'il meurt pour moi chaque fois qu'on en parle,
Et c'est sûr qu'en voyant ce prince je vais être
Jeté par tes discours dans des pensées
Désastreuses pour la raison. Mais les voici !

*Cléomène revient avec Florizel, Perdita
et quelques autres personnes.*

Votre mère fut très fidèle au vœu nuptial,
Puisque en vous concevant, prince, elle a reproduit
Les traits de votre père. Aurais-je vingt et un ans encore,
Son image est si bien frappée en vous,
Vous ravivez si fort sa ressemblance,
Que je vous nommerais mon frère, comme lui,
Et vous rappellerais quelque extravagance

Faite par nous, jadis. Soyez le bienvenu !
Et votre belle princesse, ou déesse... Hélas,
J'ai perdu deux enfants qui, entre ciel et terre,
Eussent tout comme vous, gracieux épousés,
Répandu la surprise ; et j'ai perdu encore,
Par ma seule folie, la société
Et l'amitié de votre digne père
Que je voudrais, tout souffrant que je sois,
Revoir, en cette vie, une fois encore.

FLORIZEL

C'est sur son ordre
Que j'ai touché la rive de Sicile, et de sa part
Je vous porte tous les saluts qu'un roi, en ami,
Peut envoyer à son frère ; si les misères
Qui accompagnent l'âge, ne l'avaient
Empêché, bien contre son gré, il aurait lui-même
Franchi terres et mers entre vos deux trônes
Pour vous rendre visite ; vous qu'il aime
(J'ai charge de vous le dire) plus que tous les sceptres
    du monde
Et que tous ceux qui les portent.

LÉONTE

Ô mon frère, ô bon gentilhomme,
Les torts que je t'ai faits brisent mon cœur
Une nouvelle fois ; et tes façons,
Courtoises comme peu d'autres, me sont rappels
De ma trop longue négligence... Soyez le bienvenu
    chez nous
Comme l'est le printemps sur terre... Mais le roi
A-t-il donc exposé aussi cette merveille
Aux fureurs (aux rudesses, à tout le moins)

Du redoutable Neptune, pour saluer
Un homme si peu digne de ses peines,
Et moins encore de mettre sa vie en risque ?

FLORIZEL

Mon cher seigneur,
C'est de Libye qu'elle arrive.

LÉONTE

De chez le belliqueux Smalus,
Ce noble, cet illustre prince
Que l'on aime autant qu'on redoute ?

FLORIZEL

Oui, Sire, de chez lui ; et ses pleurs attestèrent,
Quand il s'en sépara, qu'elle était bien sa fille ; de ces
    bords
Favorisés d'un heureux vent du sud, nous sommes
    venus
Remplir cette mission que m'a confiée mon père
Et voir Votre Grandeur ; cependant que je renvoyais
Le meilleur de mon train loin de la Sicile
Pour annoncer, au retour en Bohême,
Non seulement mon succès en Libye,
Mais que ma femme et moi sommes sans encombre
Arrivés sur vos rives — où nous voici.

LÉONTE

Que les dieux bienheureux
Purifient notre air de tous miasmes, pour tout le
    temps
Que vous passerez parmi nous ! Votre père, un saint
    homme,

Un gracieux gentilhomme ; envers lequel, pourtant,
Aussi sacrée fût sa personne, j'ai tant péché
Que le ciel m'a puni, dans sa colère,
En me privant de postérité. Lui, votre père,
Est, comme il le mérite, béni en vous
Qui êtes digne de ses vertus... Quel autre homme
   serais-je
Si mes yeux pouvaient voir un fils mien, une fille,
D'autant de prix que chacun de vous !

Entre un seigneur.

LE SEIGNEUR

Mon souverain,
Ce que j'ai à vous annoncer serait incroyable
Si la preuve ne le suivait. S'il vous plaît, Sire,
Bohême m'a chargé de vous saluer
Et demande que vous fassiez arrêter son fils
Qui, au mépris de son rang et de ses devoirs,
A fui son père et son grand avenir avec
La fille d'un berger.

LÉONTE

Bohême ! Où est-il ? Parle !

LE SEIGNEUR

Ici, dans notre ville. Je viens de le quitter
Et vous parle avec la stupeur que justifient
Ma surprise et ma commission. Comme il venait
À votre cour en hâte, poursuivant
Ce beau couple sans doute, il a rencontré
Le père de la prétendue princesse, et aussi son frère
Qui tous les deux ont quitté leur pays
Avec le jeune prince.

FLORIZEL

Camillo m'a trahi,
Lui dont l'honneur et l'honnêteté
Avaient résisté à tous les orages.

LE SEIGNEUR

Vous pourrez l'accuser,
Il est avec le roi, avec votre père.

LÉONTE

Que dis-tu ? Camillo ?

LE SEIGNEUR

Camillo, Sire ! Je lui ai parlé ! Et lui-même
Interroge à son tour ces pauvres gens. Oh, jamais
Je n'ai vu misérables trembler ainsi.
À genoux, et baisant la terre,
Jurant à chaque mot et se parjurant !
Bohême se bouche les oreilles, et les menace
De mille morts dans la mort.

PERDITA

Mon pauvre père !
Le Ciel nous entoure d'espions, il ne veut pas
Que l'on célèbre notre mariage.

LÉONTE

N'êtes-vous pas mariés ?

FLORIZEL

Non, Sire, et nous avons bien peu de chances de l'être.
Les astres, je le vois, embraseront les vallées d'abord,
La Fortune dupe les grands autant que les humbles.

LÉONTE

Monseigneur,
Est-elle ou non la fille d'un roi ?

FLORIZEL

Oui, dès l'instant
Qu'elle sera ma femme.

LÉONTE

Cet instant, si j'en juge à la hâte de votre père,
Va être lent à venir. Je suis fâché, vraiment,
Que vous ayez rompu avec son affection
Quand vous aviez à en être digne ; et, autant
Que celle que vous avez élue
Ne soit pas aussi riche de qualité que de grâce
Et ainsi en mesure d'être vôtre.

FLORIZEL

Ma chérie, relevez la tête !
Même si la Fortune hostile, à découvert,
Doit pour nous harceler se joindre à mon père,
Elle ne pourra rien contre notre amour.
Sire, je vous en prie ! Rappelez-vous
Quand vous ne deviez pas au temps plus de jours
Que moi présentement ! Puisse le souvenir
De vos passions d'alors vous faire me défendre !
À vos prières
Mon père accordera la précieuse grâce
Comme une bagatelle.

LÉONTE

Ah, qu'il en soit ainsi,

Et je réclamerai pour vous cette gracieuse fiancée
Qu'il croit que vous voulez pour la bagatelle !

PAULINA

Sire, mon suzerain,
Votre œil a trop de jeunesse ! Un mois, pas même,
   avant
Que votre reine ne meure, elle méritait mieux
Que vos regards maintenant.

LÉONTE

C'est à elle que je pensais
En regardant celle-ci... *(À Florizel.)* Mais, à votre prière
Je n'ai pas répondu. Je me porte au-devant de votre
   père
Et, puisque vos désirs se règlent sur l'honneur,
Je suis leur ami, et le vôtre. Avec cette mission,
Je vais trouver le roi ; et vous, qui me suivrez,
Vous me verrez à l'œuvre ; venez, cher prince.

Ils sortent.

SCÈNE II

Devant le palais de Léonte

AUTOLYCUS *et un gentilhomme.*

AUTOLYCUS

Je vous en prie, monsieur, étiez-vous présent à ce
récit ?

PREMIER GENTILHOMME

J'étais là quand on a ouvert le paquet, et j'ai entendu le vieux berger raconter comment il l'avait trouvé. Mais alors, après un instant de stupeur, on nous a dit à tous de quitter la salle ; et j'ai seulement entendu dire, à ce qu'il me semble, par le berger, qu'il avait trouvé le petit enfant.

AUTOLYCUS

J'aurais grand plaisir à savoir comment tout cela a fini.

PREMIER GENTILHOMME

Je vous fait un récit bien décousu. Mais les changements perceptibles chez le roi et dans Camillo, c'est eux surtout qui m'ont saisi de surprise. Ils semblaient presque, tant ils se regardaient, s'arracher les yeux l'un à l'autre. Il y avait une parole dans leur mutisme, un langage en leurs gestes mêmes ; on eût dit qu'ils venaient d'apprendre la nouvelle d'un monde rédimé ou d'un monde mort. En eux, une évidente stupeur. Mais le plus subtil des témoins, à en juger par leur seul aspect, n'aurait pu décider s'il s'agissait d'une joie ou d'une souffrance. Bien qu'à coup sûr cela ne pût être que le comble de l'une ou l'autre.

Arrive un autre gentilhomme.

Voici un gentilhomme, qui peut-être en sait davantage. Alors, Rogero, les nouvelles ?

DEUXIÈME GENTILHOMME

Rien que des feux de joie ! Les oracles sont accomplis. La fille du roi est retrouvée. Tant de prodiges ont éclaté en une heure que les faiseurs de ballades ne pourront jamais les redire tous.

Arrive un troisième gentilhomme.

Voici l'intendant de Madame Paulina, il peut vous en dire davantage. Que se passe-t-il maintenant, monsieur ? Cette nouvelle que l'on dit vraie ressemble tellement à un conte du temps jadis que l'on doute fort de sa vérité : le roi a-t-il bien retrouvé son héritière ?

TROISIÈME GENTILHOMME

Tout à fait vrai, si jamais la Vérité a pu naître des circonstances : ce que vous entendez, vous jureriez l'avoir vu, si parfaite est la cohérence des preuves. Le manteau de la reine Hermione ; son collier autour du cou de l'enfant ; les lettres d'Antigone trouvées sur lui, et authentifiées par leur écriture. Et la majesté royale de sa personne, faite de ressemblance à sa mère, cette disposition naturelle à la noblesse, si au-dessus de sa condition d'à présent — tout cela et bien d'autres signes proclament sans aucun doute qu'elle est bien la fille du roi Léonte. Avez-vous assisté à la rencontre des deux rois ?

DEUXIÈME GENTILHOMME

Non.

TROISIÈME GENTILHOMME

Alors vous avez manqué un spectacle qu'il fallait voir — et dont on ne peut parler. Oui, vous auriez vu là une joie couronner l'autre, à tel point qu'on eût dit que c'est en pleurant que le chagrin prenait congé d'eux, tant leur joie pataugeait parmi les larmes. Ce n'était que regards levés au ciel, mains dressées et des expressions si bouleversées qu'on ne les reconnaissait plus chacun qu'à leur vêtement et non au visage. Notre roi hors de lui de la joie d'avoir retrouvé sa fille ; mais comme si cette joie devenait soudain un regret, criant : « Oh, ta mère, ta mère ! » ; tantôt il demande pardon à Bohême, et tantôt embrasse son gendre ; et à nouveau il se jette sur sa fille pour l'étreindre, puis il rend grâce au vieux berger, qui se tient là, comme une fontaine délabrée par le mauvais temps de bien des règnes. Jamais je n'ai ouï parler d'une semblable entrevue ; elle fait boiter le récit qui cherche à la suivre, elle défie toute description.

DEUXIÈME GENTILHOMME

Mais, s'il vous plaît, qu'est-il advenu d'Antigone, qui avait emporté l'enfant ?

TROISIÈME GENTILHOMME

C'est encore un conte du vieux temps, qui incitera toujours au récit quand la crédibilité se serait éteinte et toutes les oreilles fermées. Antigone a été mis en pièces par un ours. C'est l'affirmation du fils du berger, qui a pour la soutenir, non seulement son ingénuité qui semble grande, mais un mouchoir et des bagues qu'a reconnus Paulina.

PREMIER GENTILHOMME

Et son navire, et ceux qui l'accompagnaient ?

TROISIÈME GENTILHOMME

Naufragés, à l'instant même où leur maître a trouvé la mort, et sous les yeux du berger. En sorte que tous ceux qui avaient contribué à l'exposition de l'enfant venaient juste de périr quand lui-même a été trouvé. Oh, quel noble combat entre joie et douleur s'est livré dans l'âme de Paulina ! Tantôt elle baissait les yeux, toute à la perte de son mari, tantôt elle les levait vers le ciel pour lui rendre grâce de l'accomplissement de l'oracle. Elle soulevait de terre la princesse et la serrait dans ses bras comme pour la river à même son cœur, et qu'elle ne risquât plus jamais d'être perdue.

PREMIER GENTILHOMME

La majesté de cette scène eût mérité que des rois et des princes en fussent les spectateurs — elle qui les avait pour personnages.

TROISIÈME GENTILHOMME

Un des plus beaux traits de tout cela, et qui vint pêcher dans mes yeux, y puisant l'eau sinon le poisson, ce fut l'attention douloureuse de sa fille quand le roi confessa courageusement, et pleura, la mort de la reine avec toutes ses circonstances. D'un signe à l'autre de la douleur elle en vint, avec un « hélas », à saigner des larmes. Oui, je puis dire saigner, car mon cœur à moi, j'en suis sûr, pleurait du sang. Et les plus endurcis en ont changé de couleur. Certains se sont évanouis, tous ont sangloté. Que le monde entier eût contemplé cette scène, et le deuil eût été universel.

PREMIER GENTILHOMME

Sont-ils retournés à la cour ?

TROISIÈME GENTILHOMME

Non. On a parlé à la princesse de la statue de sa mère,

dont Paulina a la garde, de ce travail qui a demandé
plusieurs années et que vient d'achever le grand
maître d'Italie, Jules Romain, qui, s'il possédait lui-
même l'éternité et pouvait communiquer le souffle à
son œuvre, déposséderait la nature de sa fonction, si
parfaitement il en est le singe. Il a fait une Hermione si
semblable à la vraie Hermione qu'on voudrait lui parler, dit-on, et demeurer dans l'attente de la réponse.
C'est là qu'ils sont allés avec l'avidité de l'amour ; et
c'est là qu'ils veulent dîner.

DEUXIÈME GENTILHOMME

Je pensais bien que Paulina avait là quelque grande
affaire, car, depuis la mort d'Hermione, elle n'a cessé
de se rendre deux ou trois fois par jour, toute seule,
dans cette demeure retirée. Voulez-vous que nous y
allions, pour nous joindre aux réjouissances ?

PREMIER GENTILHOMME

Qui voudrait ne pas être là, s'il a le privilège d'y
être admis ? À chaque battement de paupière, aussi
vite, quelque nouvelle grâce va naître ; être absent
nous fait gaspiller toutes nos occasions de savoir.
Allons-y !

Ils sortent.

AUTOLYCUS

C'est maintenant, si je n'avais sur moi les éclabous-
sures de mon existence passée, que les honneurs
pleuvraient sur ma tête. C'est moi qui ai conduit le
vieil homme et son fils sur le navire du prince ; qui lui
ai dit que je les avais entendus parler d'un paquet et

de je ne sais quoi encore. Mais lui était à ce moment-là tout occupé de celle qu'il croyait toujours fille du berger, et qui commençait à souffrir extrêmement de la mer. Il ne valait guère mieux lui-même, si bien que le mauvais temps continuant, le mystère est resté sous le boisseau. Mais peu importe. Si j'avais été le révélateur de ce secret, cela aurait paru plutôt louche, étant donné ma réputation.

Arrivent le berger et le Clown.

Voici venir ceux auxquels j'ai fait du bien sans le désirer. Et tout épanouis dans leur fortune, déjà !

LE BERGER

Allons, mon gars ! J'ai passé l'âge d'avoir d'autres enfants, mais tes fils et tes filles vont tous naître gentilshommes.

LE CLOWN, *à Autolycus.*

Heureuse rencontre, monsieur ! Vous n'avez pas voulu vous battre avec moi, l'autre jour, parce que je n'étais pas gentilhomme de naissance. Eh bien, voyez-vous ces habits ? Direz-vous que vous ne les voyez pas, et que vous estimez toujours que je ne suis pas gentilhomme de naissance ? Autant dire que ces manteaux ne sont pas gentilshommes de naissance ! Allons, contredisez-moi, allons, et venez voir de plus près si je ne suis pas à présent gentilhomme de naissance.

AUTOLYCUS

Je vois que vous êtes à présent, monsieur, gentilhomme de naissance.

LE CLOWN

Oui ! et je le suis sans arrêt depuis quatre heures.

LE BERGER

Et moi aussi, mon garçon.

LE CLOWN

Vous aussi. Mais j'ai été gentilhomme de naissance avant mon père. Car le fils du roi m'a pris par la main et m'a appelé « mon frère », et puis les deux rois ont appelé mon père « mon frère », et alors le prince, mon frère, et la princesse, ma sœur, ont appelé mon père « mon père » et tous nous avons pleuré ; et ce furent les premières larmes de gentilhomme que jamais nous ayons versées.

LE BERGER

Nous pouvons vivre assez, mon fils, pour en verser beaucoup d'autres.

LE CLOWN

Certes oui. Toutes les chances sont pour cela, dans une situation aussi renversante[22].

AUTOLYCUS

Je vous supplie humblement, monsieur, de me pardonner tous les torts que j'ai eus envers Votre Seigneurie, et de faire de moi un bon rapport auprès du prince mon maître.

LE BERGER

Je te prie, fais-le, mon fils. Il faut que nous soyons

magnanimes, maintenant que nous voici gentils-hommes.

LE CLOWN

Tu vas réformer ta vie ?

AUTOLYCUS

Oui, si Votre Seigneurie le désire.

LE CLOWN

Donne-moi ta main. Je jurerai au prince que tu es aussi honnête et loyal que n'importe qui en Bohême.

LE BERGER

Dis-le-lui, mais ne jure pas.

LE CLOWN

Ne pas le jurer, maintenant que je suis un gentil-homme ! Que les valets de ferme le disent, et les fermiers, moi je jure.

LE BERGER

Mais si c'était faux, mon fils ?

LE CLOWN

Quand ce serait la chose la plus fausse du monde, un vrai gentilhomme peut la jurer dans l'intérêt d'un ami ; et je vais jurer au prince que tu es un grand fier-à-bras, et qui jamais ne se saoulera. Je sais que tu n'es pas un grand fier-à-bras et que tu vas te saouler, mais je le jurerai, tant je voudrais que tu sois un grand fier-à-bras.

AUTOLYCUS

Monsieur, je vais faire mon possible.

LE CLOWN

Oui, à tout prix, montre-toi un fier-à-bras. Et si je ne
suis pas étonné de voir que tu oses te saouler, sans
être un fier-à-bras pour autant, ne mets plus en moi
ta confiance... Écoutez ! les rois et les princes, nos
parents, vont voir la peinture de la reine. Allons, suis-
nous, nous te serons de bons maîtres.

Ils sortent.

SCÈNE III

La maison de Paulina

LÉONTE, POLIXÈNE, FLORIZEL, PERDITA,
CAMILLO *et* PAULINA, *des seigneurs, etc.*

LÉONTE

Ô ma sérieuse et bonne Paulina,
Quel grand réconfort tu m'auras donné !

PAULINA

Lorsque j'ai mal agi, mon suzerain,
Mon intention était bonne ; tous mes services,
Vous les avez largement payés ; mais qu'aujourd'hui,
Avec le roi votre frère et ces fiancés,
Les héritiers de vos deux royaumes,
Vous daigniez visiter ma pauvre maison,

C'est un surcroît de faveur que ma vie
Ne durera jamais assez pour reconnaître.

LÉONTE

Ô Paulina,
Cet honneur n'est pour vous qu'un dérangement.
Mais nous sommes venus pour la statue
De notre reine ; et traversant votre galerie,
Non sans prendre plaisir à tant de merveilles,
Nous n'avons pas trouvé ce que ma fille désire voir,
La statue de sa mère.

PAULINA

De même que vivante elle fut sans égale,
De même son image morte, j'en suis bien sûre,
Passe tous ces objets que vous avez vus
Et tout ce qu'a produit le travail humain.
Et c'est pourquoi je la garde seule, en un lieu à part.
Mais c'est ici. Disposez-vous à voir
La vie moquée avec autant de vie
Qu'en trouve pour moquer la mort le plus doux som-
    meil.
Voyez, et dites-le...

Elle tire le rideau.

J'aime votre silence.
Il n'atteste que mieux votre surprise. Parlez, pourtant,
Et vous d'abord, monseigneur. N'est-ce pas un peu
    ressemblant ?

LÉONTE

Sa pose naturelle !
Accuse-moi, pierre chérie, que je puisse dire

Que tu es tout à fait Hermione. Mais bien plus
Es-tu Hermione en ne m'accusant pas ! Car elle fut
Douce comme l'enfance et comme la grâce... Pau-
    lina,
Dis-moi, pourtant : elle n'avait pas ces rides,
Elle n'avait pas l'âge que ce portrait semble dire.

POLIXÈNE

Oh non ! à beaucoup près.

PAULINA

Le génie du sculpteur n'en est que plus grand
Qui de seize ans l'a vieillie, pour nous la montrer
Comme si elle était encore vivante.

LÉONTE

Comme elle aurait pu l'être, en ce moment,
Et pour mon réconfort, autant que ce portrait
Me bouleverse l'âme ! Oh, elle se tenait ainsi,
Exactement avec cette vie dans la majesté, chaleu-
    reuse
Autant que maintenant elle est froide, le jour
Où je l'ai demandée en mariage. J'ai honte,
N'est-ce pas que la pierre me reproche
D'avoir été pierre plus qu'elle-même ? Œuvre royale !
Il y a dans ta majesté une magie
Qui renflamme mes torts dans ma mémoire
Et ravit les esprits de ta fille qui, stupéfaite,
Est pétrifiée devant toi.

PERDITA

Permettez-moi,
Et sans taxer cela de superstition

De me mettre à genoux et de la supplier de me
   bénir...
Madame,
Chère reine qui êtes morte quand je commençais à
   peine de vivre,
Donnez-moi votre main à embrasser.

PAULINA

Oh, patience,
La statue vient à peine d'être fixée
Et sa couleur n'est pas sèche.

CAMILLO

Sire, c'est une peine bien trop profonde,
Celle que n'auront pu noyer seize hivers
Ni seize étés dessécher ; rarement la joie
Survit aussi longtemps. Il n'est de douleur
Qui ne se tue bien plus vite.

POLIXÈNE

Permettez, mon cher frère,
Que celui qui fut cause de tout ceci
Ait le pouvoir de diminuer votre chagrin
De toute la part qu'il y prend lui-même.

PAULINA

En vérité, seigneur,
Si j'avais supposé que la vue de ma pauvre image
(Mienne, oui, par la pierre) vous remuerait de la
   sorte,
Je me serais gardée de vous la montrer.

                              Elle va vers le rideau.

LÉONTE

Ne tire pas le rideau.

PAULINA

Il ne faut plus que vous la regardiez, votre rêverie
Croirait bientôt qu'elle bouge.

LÉONTE

Laissez, laissez !
Que je meure pourtant si déjà je ne pense...
Qui est-il, qui a pu cela ?... Voyez-vous, monseigneur ?
Ne jureriez-vous pas qu'elle respire ? Que ces veines,
Portent vraiment du sang ?

POLIXÈNE

C'est magistral.
Je crois voir la chaleur de la vie sur ses lèvres.

LÉONTE

Dans son œil immobile un mouvement,
Comme si l'art se moquait de nous.

PAULINA

Je tire le rideau.
Monseigneur est si transporté
Qu'il va croire bientôt qu'elle est vivante

LÉONTE

Ô douce Paulina,
Fais-moi penser cela vingt ans de suite !
Toutes les mieux fondées des raisons du monde
N'égaleront la joie de cette folie.
N'y touche pas.

PAULINA

Je suis fâchée, monseigneur, de vous avoir tant ému,
Et ne veux pas vous affliger encore.

LÉONTE

Oh, fais-le, Paulina,
Car cette affliction-là m'est aussi douce
Que le plus chaleureux des réconforts... Il me semble,
    à nouveau,
Qu'un souffle s'en échappe. Et quel ciseau
A jamais su pourtant sculpter le souffle ?
Ne riez pas de moi. Je veux l'embrasser.

PAULINA

Refrénez-vous, seigneur !
Le rouge est tout humide encore sur ses lèvres,
Vous le gâterez, l'embrassant, vous vous tacherez
De l'huile de la peinture... Vais-je tirer le rideau ?

LÉONTE

Non ! Pas avant vingt ans.

PERDITA

Je pourrais rester là
Un même temps à la regarder.

PAULINA

Modérez-vous, l'un et l'autre
Et quittez vite la chapelle, ou préparez-vous
À de nouvelles surprises. Si vous avez la force de
    regarder
Je ferai que la statue bouge, réellement,

Et descende, et vous prenne par la main.
Mais vous allez penser (bien que je proteste)
Que je suis assistée des puissances malignes.

LÉONTE

Tout ce que vous pourrez lui faire accomplir,
C'est mon bonheur de le voir ; lui faire dire,
C'est mon bonheur de l'entendre ; car c'est aussi
    facile
De lui prêter la voix que le mouvement ?

PAULINA

Mais il faudra
Que vous fassiez appel à toute votre foi. Et, tous,
Que vous restiez immobiles ; ceux qui pensent
Que je fais œuvre impie, qu'ils se retirent.

LÉONTE

Faites.
Nul pied ne bougera.

PAULINA

Musique, éveille-la ! Jouez !

Musique.

C'est l'heure, descendez. Cessez d'être pierre, appro-
    chez,
Frappez d'étonnement tous ceux qui vous regardent,
    venez,
Je vais combler votre tombe ; oh, venez, revenez,
Léguez votre torpeur à la mort ; de la mort
La précieuse vie vous délivre ! Elle bouge, vous le voyez.

Hermione descend du piédestal.

Ne bronchez pas ! Ses actions seront aussi saintes
Que mes appels sont licites. Et ne la fuyez pas
Avant de la revoir mourir. Car, si vous le faisiez,
Vous l'auriez tuée deux fois. Donnez-lui votre main.
Vous l'aviez courtisée quand elle était jeune. Plus
    vieille,
Doit-elle devenir le soupirant ?

Hermione embrasse Léonte.

LÉONTE

La chaleur de la vie !
Si c'est de la magie, qu'être magicien
Soit aussi légitime que se nourrir.

POLIXÈNE

Elle l'embrasse !

CAMILLO

Elle se pend à son cou !
Si elle a vie, qu'elle parle !

POLIXÈNE

Oui, pour nous expliquer où elle a vécu
Ou comment elle a fui le monde des morts.

PAULINA

Si l'on vous avait dit, seulement dit,
Qu'elle est en vie, vous vous seriez moqué
Comme au récit d'un vieux conte.
Mais il est évident qu'elle vit, bien qu'encore
Elle ne parle pas. Patientez un peu, et veuillez,
Belle princesse, intervenir : à deux genoux

Implorant la bénédiction de votre mère... Ma chère
  dame,
Tournez-vous. Notre Perdita est retrouvée.

HERMIONE

Abaissez vos regards, ô dieux, et de vos urnes
Sacrées, versez vos grâces sur la tête
De ma petite fille. Ô mon enfant, dis-moi,
Où as-tu été recueillie, où as-tu vécu, et comment
Trouvas-tu le chemin de la cour de ton père ?
Pour moi, sache qu'ayant appris, de Paulina,
Que l'oracle donnait l'espoir que tu vivrais,
Je me suis conservée pour le voir un jour s'accomplir.

PAULINA

Il y aura un temps pour tout cela.
Je crains qu'en ce moment extrême, ces récits
Ne troublent votre joie. Allez ensemble,
Vous tous, ô chers vainqueurs. Et votre ivresse,
Faites-la partager à tous. Moi, vieille tourterelle,
Je vais gagner quelque branche flétrie
Et là pleurer mon compagnon, irretrouvable,
Jusqu'à périr, à mon tour.

LÉONTE

Ô Paulina, sois calme !
Tu dois prendre un mari, et de ma main,
Comme moi une épouse de la tienne : c'est l'accord
Que nous avons juré. Tu m'as trouvé ma femme,
Comment, je n'en sais rien, l'ayant vue morte,
À ce qu'il m'a semblé, et ayant fait, en vain,
Bien des prières sur sa tombe ; et je n'irai pas loin
(Car je connais son cœur, un peu) pour te trouver

Un mari honorable. — Viens, Camillo,
Et prends-la par la main, toi dont l'honneur
Et le mérite sont célèbres, et attestés
Ici même par tes deux rois... Quittons ces lieux.
(À Hermione.) Oh, croisez son regard
Et pardonnez-moi, l'un et l'autre,
D'avoir souillé votre amour fraternel
De mes soupçons infâmes... Voici le fils du roi
Qui sera votre gendre aussi, puisque le Ciel
A fait qu'à votre fille il donne sa foi. Paulina très chère,
Emmène-nous d'ici, qu'à loisir nous puissions
Nous questionner et nous répondre, sur les rôles
Que nous avons joués dans le gouffre du temps
Depuis notre séparation. Oh, vite, conduis-nous.

Ils sortent.

DOSSIER

VIE DE SHAKESPEARE

1564. 26 avril : baptême de William Shakespeare à Stratford.
Naissance de Marlowe.

1572. Naissance de John Donne et de Ben Jonson.

1582. Novembre : William épouse Anne Hathaway.

1583. 26 mai : baptême de leur fille Susanna.

1585. 2 février : baptême de leurs enfants jumeaux, Hamnet et
Judith.

1587. *La Tragédie espagnole*, de Thomas Kyd, *Tamburlaine* (part I),
de Marlowe.

1588-1590. À un moment dans cette période, Shakespeare s'éta-
blit à Londres sans sa famille.

1589. Attaques de Greene contre Shakespeare.

1592. Le *Docteur Faust*, de Marlowe.

1593. Marlowe est tué.
Peste à Londres et fermeture des théâtres.

1594. Shakespeare dans la troupe du Chambellan.

1596. Mort d'Hamnet.

1597. Achat de New Place, à Stratford.

1599. Révolte d'Essex.
La troupe du Chambellan au Globe.

1601. Mort du père de Shakespeare.

1603. Jacques VI d'Écosse succède à Élisabeth sous le nom de
Jacques Ier d'Angleterre. Il patronne la troupe du Chambel-
lan, qui devient The King's Men.
Florio traduit les *Essais* de Montaigne.

1606. *Volpone*, de Ben Jonson.

1607. 5 juin : mariage de Susanna à Stratford, avec un médecin.

1608. Mort de la mère de Shakespeare, Mary Arden.
1610 ou 1612. Retour à Stratford.
1613. Incendie au Globe.
1616. 10 février : mariage de Judith, avec un marchand de vins.
       23 avril : mort de Shakespeare.
1623. Le Premier Folio.

BIBLIOGRAPHIE

1. LE TEXTE

GREG, W. W., *The Shakespeare First Folio : Its Bibliographical and Textual History*, Oxford, 1955.

BERMAN, Ronald, *A Reader's Guide to Shakespeare's Plays : A Descriptive Bibliography*, 1965, éd. revue 1973. (À compléter par la bibliographie annuelle du *Shakespeare Quarterly* et les recensions du *Shakespeare Survey*.)

Fac-similé du First Folio : *Norton Facsimile*, ed. Charlton HINMAN, New York, 1968. (À compléter par HINMAN, Charlton, *The Printing and Proof-Reading of the First Folio of Shakespeare*, 2 vol., Oxford, 1963.)

The Winter's Tale, ed. Horace Howard FURNESS Jr, in *The Variorum Shakespeare*, 1913.

Le Conte d'hiver, édité et traduit par Maurice CASTELAIN, Paris, Aubier-Montaigne, 1947.

The Winter's Tale, ed. John Dover WILSON, *The New Shakespeare*, Cambridge U. P., 1949.

The Winter's Tale, ed. Baldwin MAXWELL, Baltimore, 1956.

Le Conte d'hiver, in *Œuvres complètes de Shakespeare*, éd. Pierre Leyris et Henri Evans, éd. bilingue, Paris, Club français du Livre, vol. XI, 1957 (traduction d'Yves BONNEFOY).

The Winter's Tale, ed. J. H. P. PAFFORD, in *The Arden Shakespeare*, Londres, Methuen, 1963, nombreuses rééditions.

The Winter's Tale, ed. Frank KERMODE, New York, Signet, 1963.

HARBAGE, Alfred, gen. ed., *William Shakespeare : The Complete Works*, Baltimore, Penguin Books, 1969.

The Winter's Tale, ed. Hallett SMITH et G. Blakemore EVANS in *The Riverside Shakespeare*, Boston, 1974, p. 1564-1605.

The Winter's Tale, ed. David BEVINGTON, *The Complete Works of Shakespeare*, New York, 1992, p. 1484-1525.

2. RÉFÉRENCES CONTEMPORAINES

GREENE, Robert, *Pandosto, The Triumph of Time*, 1588. Texte de l'édition de 1595 dans J. H. P. PAFFORD ed., *The Winter's Tale*, 1963, p. 181-225.

EVANS, Maurice, « Elizabethan Spoken English », *The Cambridge Journal* 4 (1950-1951).

LAWLOR, John, « *Pandosto* and the nature of Dramatic Romance », *Philological Quarterly* 41 (1962), p. 96-113.

LAROQUE, François, *Shakespeare et la Fête*, essai d'archéologie du spectacle dans l'Angleterre élizabéthaine, Paris, P.U.F., 1988.

BATE, Jonathan, *Shakespeare and Ovid*, Oxford, 1993 (chap. VI : « From Myth to Drama » sur *The Winter's Tale* et *The Tempest*).

3. TRAVAUX PARTIELLEMENT CONSACRÉS
AU *CONTE D'HIVER*

(notamment dans le cadre des
cinq dernières pièces, les « Romances »),
par ordre chronologique des publications.

COLERIDGE, Samuel Taylor, *The Complete Works of Samuel Taylor Coleridge : Lectures upon Shakespeare and Other Dramatists*, ed. W. G. T. Shedd, vol. 7, New York, 1884. En français : *Sur Shakespeare*, trad. Robert Pépin, Lausanne, 1970, « Un conte d'hiver », p. 173-183.

GRANVILLE-BARKER, Harley, *More Prefaces to Shakespeare*, éd. par Edward M. Moore, 1912 (reprint, Princeton, N. J., 1974).

QUILLER-COUCH, Sir Arthur, *Shakespeare's Workmanship*, 1918 (reprint, Cambridge, 1947).

TILLYARD, E. M. W., *Shakespeare's Last Plays*, Londres, 1938, 1964.

TRAVERSI, Derek, *An Approach to Shakespeare*, 1938, révisé, Londres, 1968.

SPENCER, Theodore, « Appearance and Reality in Shakespeare's Last Plays », *Modern Philology* 39 (1942), p. 265-274.

KNIGHT, G. Wilson, *The Crown of Life : Essays in Interpretation of Shakespeare's Final Plays*, Londres, 1947 (reprint, New York, 1966). « Great Creating Nature : an Essay on *The Winter's Tale* », p. 98-128.

WOODHOUSE, A. S. P., « Nature and Grace in *The Faerie Queene* », *Journal of English Literary History* 16 (1949), p. 194-228.

STEWART, J. I. M., *Character and Motive in Shakespeare : Some Recent Appraisals Examined*, Londres, 1949.

DANBY, John F., *Poets on Fortune's Hill : Studies in Sidney, Shakespeare, Beaumont and Fletcher*, Londres, 1952 (reprint, Port Washington, N. Y., 1966).

TRAVERSI, Derek, *Shakespeare : The Last Phase*, New York, 1954.

LEECH, Clifford, « The Structure of the Last Plays », *Shakespeare Survey* 11 (1958), p. 19-30.

EDWARDS, Philip, « Shakespeare's Romances : 1900-1957 », *Shakespeare Survey* 11 (1958), p. 1-18.

MARSH, D. R. C., *The Recurring Miracle : A Study of « Cymbeline » and the Last Plays*, Pietermaritzburg, Natal, 1962, 1964.

MACK, Maynard, « Engagement and Detachment in Shakespeare's Plays », *Essays on Shakespeare and Elizabethan Drama in Honor of Hardin Craig*, éd. par Richard Hosley, Columbia, Missouri, 1962, p. 275-296.

KERMODE, Frank, *William Shakespeare : The Final Plays*, Londres, 1963.

TAYLER, Edward W., *Nature and Art in Renaissance Literature*, New York, 1964.

FRYE, Northrop, *A Natural Perspective : The Development of Shakespearean Comedy and Romance*, New York, 1965.

HUNTER, Robert Groms, *Shakespeare and the Comedy of Forgiveness*, New York, 1965.

BROWN, John Russel, et HARRIS, Bernard ed., *Later Shakespeare*, *Stratford-upon-Avon Studies* 8, Londres, 1966 (notamment WELLS, Stanley, « Shakespeare and Romance »).

RIGHTER, Ann, *Shakespeare and the Idea of the Play*, Baltimore, 1967, p. 172-186.

MAHOOD, M. M., *Shakespeare's Wordplay*, 1957 ; reprint, Londres, 1968.

BARBER, C. L., « "Thou That Beget'st Him That Did Thee Beget" : Transformation in *Pericles* and *The Winter's Tale* », *Shakespeare Survey* 22, 1969, p. 59-67.

GESNER, Carol, *Shakespeare and the Greek Romance : A Study of Origins*, Lexington, Kentucky, 1970.

FOAKES, R. A., *Shakespeare : From the Dark Comedies to the Last Plays*, Londres et Charlottesville (Virginie), 1971.

YOUNG, David, *The Heart's Forest : A Study of Shakespeare Pastoral Plays*, New Haven, U.S.A., et Londres, 1972.

FELPERIN, Howard, *Shakespeare's Romance*, Princeton, N. J., 1972.

VELIE, A. R., *Shakespeare's Repentance Plays : The Search for an Adequate Form*, 1972.

HARTWIG, Joan, *Shakespeare's Tragicomic Vision*, Baton Rouge, 1972.

SMITH, Hallet, *Shakespeare's Romances : A Study of Some Ways of the Imagination*, San Marino, Californie, 1972.

PETERSON, Douglas L., *Time, Tide and Tempest : A Study of Shakespeare's Romances*, San Marino, Californie, 1973.

TOBIAS, Richard C., et ZOLBROD, Paul G. eds, *Shakespeare's Late Plays*, Athens, Georgia, 1974.

GAJDUSEK, R. E., « Death, Incest and the Triple Bond in the Later Plays of Shakespeare », *American Imago* 31 (1974), p. 109-158.

GARBER, Marjorie, *Dream in Shakespeare : From Metaphor to Metamorphosis*, New Haven, 1974.

YATES, Frances A., *Shakespeare's Last Plays : A New Approach*, Londres, 1975. En français : *Les Dernières Pièces de Shakespeare : une approche nouvelle*, Paris, Belin, 1993.

EGAN, Robert, *Drama Within Drama : Shakespeare's Sense of His Art*, New York, 1975.

FARRELL, Kirby, *Shakespeare's Creation : The Language of Magic and Play*, Amherst, Mass., 1975.

FRYE, Northrop, *The Secular Scripture : A Study of the Structure of Romance*, Cambridge, Mass., 1976.

HOENIGER, F. David, « Shakespeare's Romances since 1958 : A Retrospect », *Shakespeare Survey* 29 (1976), p. 1-10.

MOWAT, Barbara A., *The Dramaturgy of Shakespeare's Romances*, Athens, Georgia, 1976.

FREY, Charles, « Shakespeare's Imperiled and Chastening Daughters of Romance », *Shakespeare Association Bulletin* 43 (1978), p. 125-140.

KAY, Carol McGinnis, et JACOBS, Henry E. ed., *Shakespeare's Romances Reconsidered*, Lincoln, Nebraska, 1978, p. 91-103.

HOY, Cyrus, « Fathers and Daughters in Shakespeare's Romances » in *Shakespeare's Romances Reconsidered*, 1978, p. 77-90.

DEAN, John, *Restless Wanderers : Shakespeare and the Pattern of Romance*, *Elizabethan and Renaissance Studies* 86, Salzbourg, 1979.

UPHAUS, Robert W., *Beyond Tragedy*, Lexington, Kentucky, 1981.

MONTROSE, Louis A., « Of Gentlemen and Shepherds : The Politics of Elizabethan Pastoral Form », *English Literary History* 50 (1983), p. 415-459.

NEELY, Carol Thomas, *Broken Nuptials in Shakespeare's Plays*, New Haven, 1985.

WHITE, R. S., « *Let Wonder Seem Familiar* » : *Endings in Shakespeare's Romance Vision*, Londres, 1985.

CAVELL, Stanley, *Disowning Knowledge in Six Plays of Shakespeare*, Cambridge, 1987. En français : *Le Déni de savoir dans six pièces de Shakespeare*, Paris, Le Seuil, 1993 (chap. VI, p. 288-328).

STOCKHOLDER, Kay, *Dream Works : Lovers and Families in Shakespeare's Plays*, Toronto, 1987.

NEVO, Ruth, *Shakespeare's Other Language*, New York, 1987 (chap. IV : « Delusions and Dreams : *The Winter's Tale* »).

ADAMS, Robert M., *Shakespeare : The Four Romances*, New York, 1989.

HUNT, Maurice, *Shakespeare's Romance of the Word*, Lewisburg, Pennsylvania, 1990.

GIRARD, René, *Les Feux de l'envie*, Paris, Grasset, 1990, p. 375-417.

ORGEL, Stephen, « The Poetics of Incomprehensibility », *Shakespeare Quarterly* 42 (1991), p. 431-437.

HUGHES, Ted, *Shakespeare and the Goddess of Complete Being*, Londres, 1992 (chap. 5 : « The Tragic Hero Brought to Judgment »).

4. TRAVAUX CONSACRÉS AU *CONTE D'HIVER*
(par ordre chronologique des publications)

TINKLER, F. C., « *The Winter's Tale* », *Scrutiny* 5 (1937), p. 344-364.

BETHELL, S. L., *The Winter's Tale. A Study*, Londres, 1947.

HOENIGER, F. D., « The Meaning of *The Winter's Tale* », *University of Toronto Quarterly* 20 (1950), p. 11-26.

BRYANT, J. A., Jr, « Shakespeare's Allegory : *The Winter's Tale* », *Sewanee Review* 63, 1955, p. 202-222.

FRYE, Northrop, « Recognition in *The Winter's Tale* », in *Essays on Shakespeare and Elizabethan Drama in Honor of Hardin Craig*, ed. R. Hasley, p. 235-246, Columbia, Missouri, 1962.

EWBANK, Inga-Stina, « The Triumph of Time in *The Winter's Tale* », *Review of English Literature* 5.2 (1964), p. 83-100.

WILLIAMS, John Anthony, *The Natural Work of Art : The Experience of Romance in Shakespeare's « Winter's Tale »*, Cambridge, Mass., 1967.

PYLE, Fitzroy, *« The Winter's Tale » : A Commentary on the Structure*, Londres, 1969.

MUIR, Kenneth, *Shakespeare : « The Winter's Tale ». A Casebook*, 1969.

REID, Stephen, « *The Winter's Tale* », *American Imago* 27 (1970), p. 262-278.

HOFLING, Charles K., « Notes on Shakespeare's *Winter's Tale* », *Psychoanalytic Review* 58 (1971), p. 90-110.

LINDENBAUM, Peter, « Time, Sexual Love, and the Uses of Pastoral in *The Winter's Tale* », *Modern Language Quarterly* 33 (1972), p. 3-22.

WICKHAM, Glynne, « Romance and Emblem : A Study in the Dramatic Structure of *The Winter's Tale* », *The Elizabethan Theatre III*, David Galloway ed., Hamdem, Conn., 1973.

NEELY, Carol Thomas, « *The Winter's Tale* : The Triumph of Speech », *Studies in English Literature* 15 (1975), p. 321-338.

FREY, Charles, *Shakespeare's Vast Romance : A Study of « The Winter's Tale »*, Columbia, Missouri, 1980.

BARTHOLOMEUSZ, Dennis, *« The Winter's Tale » in Performance in England and America 1611-1976*, Cambridge, 1982.

DRAPER, R. P., *« The Winter's Tale » : Text and Performance*, Londres, 1985.

SANDERS, Wilbur, *The Winter's Tale*, Twayne's New Critical Introduction to Shakespeare, Boston, 1987.

HUNT, Maurice ed., *The Winter's Tale : Critical Essays*, New York et Londres, 1995.

5. TRAVAUX SUR DES ASPECTS PARTICULIERS DU *CONTE D'HIVER*

(par ordre chronologique des publications)

WILSON Harold S., « " Nature and Art " in *Winter's Tale* IV. IV 86 ff. », *Shakespeare Association Bulletin* 18, 1943, p. 114-120.

BONJOUR, Adrien, « The Final Scene of *The Winter's Tale* », *English Studies* XXXIII, 1952, p. 193-208.

HONIGMANN, E. A. J., « Secondary Sources of *The Winter's Tale* », *Philological Quarterly* 34 (1955), p. 27-38.

COGHILL, Nevill, « Six Points of Stage-Craft in *The Winter's Tale* », *Shakespeare Survey* 11 (1958), p. 31-41.

BIGGINS, « "Exit pursued by a Beare " : A Problem in *The Winter's Tale* », *Shakespeare Quarterly* 13 (1962), p. 3-13.

SMITH, Hallett, « Leontes' *Affectio* », *Shakespeare Quarterly* 14 (1963), p. 163-166.

SCOTT, William O., « Seasons and Flowers in *The Winter's Tale* », *Shakespeare Quarterly* 14 (1963).

SCHANZER, Ernest, « The Structural Pattern of *The Winter's Tale* », *Review of English Literature* 5.2 (1964), p. 72-82.

MAVEETY, S. R., « What Shakespeare did with *Pandosto* : An Interpretation of *The Winter's Tale* », in *Pacific Coast Studies in Shakespeare*, ed. Waldo F. Mc Neir et Thelma N. Greenfield, Eugene, Oregon, 1966, p. 263-279.

SMITH, Jonathan, « The Language of Leontes », *Shakespeare Quarterly* 19 (1968), p. 317-327.

MATCHETT, William H., « Some Dramatic Techniques in *The Winter's Tale* », *Shakespeare Survey* 22, 1969, p. 93-107.

COX, Lee Sheridan, « The Role of Autolycus in *The Winter's Tale* », *Studies in English Literature* 9 (1969), p. 283-301.

LIVINGSTON, Mary L., « The Natural Art of *The Winter's Tale* », *Modern Language Quarterly* 30 (1969), p. 340-355.

STUDDING, Richard, « "That Rare Italian Master " : Shakespeare's Julio Romano », *Humanities Association Bulletin* 22, 1971, p. 22-26.

WEINSTEIN, Philip M., « An Interpretation of Pastoral in *The Winter's Tale* », *Shakespeare Quarterly* 22 (1971), p. 97-109.

SCHWARTZ, Murray M., « Leontes' Jealousy in *The Winter's Tale* », *American Imago* 30 (1973), p. 250-273.

SIEMON, James Edward, « "But It Appears She Lives " : Iteration in *The Winter's Tale* », *Papers of the Modern Languages Association* 89 (1974), p. 10-16.

LUDWIG, Jay B., « Shakespearean Decorum : An Essay on *The Winter's Tale* », *Style* 8 (1974), p. 365-404.

TAVERA, Antoine, « *Le Conte d'hiver* : anagogie et inspiration pastorale », dans *Études et Recherches de Littérature générale et comparée*, Paris, Les Belles Lettres, 1974, n° 22, p. 19-41.

GOURLAY, Patricia Southard, « "O my sacred lady " : Female Metaphor in *The Winter's Tale* », *English Literary Renaissance* 5.3 (1975), p. 375-395.

SCHWARZ, Murray M., « *The Winter's Tale*: Loss and Transformation », *American Imago* 32 (1975), p. 145-199.

BRADBROOK, Muriel C., « Dramatic Romance as Open Form in *The Winter's Tale* », in *De Shakespeare à T. S. Eliot*, Mélanges offerts à Henri Fluchère, *Études anglaises* 63, 1976, p. 81-92.

KAULA, David, « Autolycus' Trumpery », *Studies in English Literature* 26 (1976), p. 287-303.

TROUSDALE, Marion, « Style in *The Winter's Tale* », *Critical Quarterly* 18 (1976), p. 25-32.

KNIGTHS, L. C., « Integration in *The Winter's Tale* », *Études anglaises* 63, 1976, p. 93-104.

PROUDFOOT, G. Richard, « Verbal Reminiscence and the Two-Part Structure of *The Winter's Tale* », *Shakespeare Survey* 29 (1976), p. 67-78.

BATESON, F. W., « How Old Was Leontes ? », *Essays and Studies* 31 (1978), p. 65-74.

FOWLER, Alastair, « Leontes' Contrition and the Repair of Nature », *Essays and Studies* 31 (1978), p. 36-64.

BATTENHOUSE, Roy W., « Theme and Structure in *The Winter's Tale* », *Shakespeare Survey* 33 (1980), p. 123-138.

BARTON, Anne, « Leontes and the Spider : Language and speaker in Shakespeare's Last Plays », *Shakespeare's Styles : Essays in Honour of Kenneth Muir*, Philip Edwards, Inga-Stina Ewbank et G. K. Hunter ed., Cambridge, 1980, p. 131-150.

ERICKSON, Peter B., « Patriarcal Structures in *The Winter's Tale* », *Papers of the Modern Languages Association* 97, 5 (octobre 1982), p. 819-829.

BERGERON, David M., « Hermione's Trial in *The Winter's Tale* », *Essays in Theatre* 3 (1984), p. 3-12.

JOLICŒUR, C., « Structure, nature et surnaturel dans *The Winter's Tale* », *Repérages*, Nantes, 1984.

HUNT, Maurice, « The Three Seasons of Mankind : Age, Nature and Art in *The Winter's Tale* », *Iowa State Journal of Research* 58 (1984), p. 299-309.

FELPERIN, Howard, « " Tongue-tied our queen ? " : The Deconstruction of Presence in *The Winter's Tale* », in *Shakespeare and the Question of Theory*, Patricia Parker et Geoffrey Hartman ed., New York, 1985, p. 3-18.

Mc DONALD, Russ, « Poetry and Plot in *The Winter's Tale* », *Shakespeare Quarterly* 36 (1985), p. 315-329.

WARD, David, « Affection, Intention and Dreams in *The Winter's Tale* », *Modern Language Review* 82 (1987), p. 545-554.

KAUL, Mythili, « The Old Shepherd's Speech in *The Winter's Tale* », *The Upstart Crow* 7 (1987), p. 96-100.

FORKER, Charles R., « Perdita's Distribution of Flowers and the Function of Lyricism in *The Winter's Tale* », in *Fancy's Images : Contexts, Settings, and Perspectives in Shakespeare and his Contemporaries*, Carbondale, Illinois, 1990, p. 113-125.

BRISTOL, Michael D., « In Search of the Bear : Spatio-temporal Form and the Heterogeneity of Economies in *The Winter's Tale* », *Shakespeare Quarterly* 42 (1991), p. 145-167.

NOTES

Le Conte d'hiver prend appui sur une œuvre antérieure, le petit roman de Robert Greene, *Pandosto : The Triumph of Time* (*Pandosto : le Triomphe du Temps*) qui est de 1588, et dont on peut lire le texte complet dans, par exemple, l'édition Pafford (*The Arden Shakespeare*) de *The Winter's Tale*. Shakespeare est resté souvent extrêmement près de ce récit, soit pour les détails de l'action, soit même pour des passages du texte : notamment dans le cas des mots de l'oracle. Il n'en a pas moins procédé à des changements nombreux, et d'importance variable. On peut juger malencontreuse l'interversion qu'il a jugée nécessaire de la Bohême et de la Sicile comme scènes respectives des deux actions, car pour l'abandon de Perdita sur un rivage marin il eût été plus facile d'imaginer les côtes de Sicile que celles de la Bohême ; et surtout la grande scène de la fête chez les bergers, si Shakespeare l'eût située dans l'île de Théocrite et des *Idylles*, se fût rattachée à sa tradition de poésie pastorale, et en eût été éclairée. En revanche les changements de noms, Florizel et Perdita à la place de Dorastus et Fawnia, Hermione au lieu de Bellaria, montrent que Shakespeare fut sensible à la pensée qui était latente chez Greene, bien qu'elle lui eût vraisemblablement échappé. Et la modification décisive de l'action, au cinquième acte, en est d'autant plus révélatrice. Chez Greene, le roi qui jalousa sa femme et voulut perdre sa fille retrouve bien celle-ci, mais avant de savoir qui elle est, il la désire ; et il finira par se suicider, dans un accès de mélancolie. Shakespeare a évidemment voulu tout autre chose : la « résurrection » d'Hermione, la restauration quasiment miraculeuse de ce qui avait été perdu, le recommencement du bonheur d'autrefois (avec juste un soupçon de mélancolie), tout cela traduit une fois dans le pouvoir de l'amour qui situe la pièce à un niveau de réflexion infiniment plus profond que le récit dont elle procède. Et bien révélatrice est aussi l'invention du personnage d'Autolycus, le chenapan qui aide au « happy ending » : cette belle figure amorale mais joyeuse et sans ombre de méchanceté laisse entendre que la réalité perçue comme elle est, sans travestissements idéalistes, est une puissance en profondeur bénéfique, en laquelle il faut mettre sa confiance.

Le Conte d'hiver eut sa première publication dans cette édition presque complète des pièces de Shakespeare (il n'y manque que *Périclès*) que deux de ses proches, deux acteurs, John Heminges et Henry Condell, procurèrent en 1623 : le « First Folio », au tirage probable de 1 200 exemplaires, dont on connaît présentement quelque 230. Le texte semble pour l'essentiel très correctement transcrit, soit d'un manuscrit, soit d'un livret à l'usage des comédiens. La première représentation attestée est du 15 mai 1611. On sait qu'une autre eut lieu à la Cour le 5 novembre. Il est probable que la pièce, en 1611, était nouvelle : ce que rien ne garantit pourtant tout à fait, pas même l'allusion au *Masque of Oberon*, de Ben Jonson, donné à la Cour le 1er janvier 1611 : car le passage du *Conte d'hiver* qui y renvoie, la « danse des satyres », acte IV, scène IV, a pu être interpolé après de premières représentations. Ultérieurement, *Le Conte d'hiver* fut donné relativement souvent jusqu'en 1640.

Mais ensuite, il se passe un siècle avant que de nouvelles représentations en aient lieu : ce fut en 1741, le texte lui-même ayant été réédité en 1709. Garrick, qui tenait le rôle de Léonte, interpréta en 1756 une version du *Conte d'hiver* qu'il avait réduite à trois actes et partiellement réécrite. Puis, presque entièrement restituée à son texte original, l'œuvre fut donnée à Covent Garden en 1771 et publiée en cet état en 1773. Elle fut représentée à Drury Lane en 1802 par les soins de John Philip Kemble, un autre grand acteur shakespearien, jouant lui aussi Léonte, et reprise par lui plusieurs fois en 1807 et 1812. Macready joua Léonte en 1815, 1823, 1837-1839, 1842-1843. Après quoi *Le Conte d'hiver* connut un succès durable (45 représentations en 1845-1846, par exemple, 102 en 1856, dans une présentation de Charles Kean, au Princess's Theatre, qui fut très admirée). Depuis la dernière guerre, on peut signaler la reprise par Peter Brook en juin 1951 (notamment au

Festival d'Edinburgh ; c'est cette fois Sir John Gielgud qui jouait Léonte). En France Patrice Chéreau donna au Théâtre des Amandiers en 1988 un *Conte d'hiver* dans l'adaptation de B.-M. Koltès. — On trouvera dans Maurice Hunt, éd., *The Winter's Tale : Critical Essays*, 1995, une liste (p. 417-419) des dix-huit présentations de l'œuvre jugées par l'éditeur les plus importantes entre 1611 et 1993 avec (p. 383-416) une sélection de comptes rendus.

Cette traduction parut une première fois en 1957 dans le tome XI des *Œuvres complètes* de Shakespeare publiées au Club Français du Livre sous la direction de Henri Evans et Pierre Leyris puis, profondément remaniée, une seconde fois en 1994 au Mercure de France. La traduction publiée aujourd'hui dans Folio théâtre apporte de nouvelles corrections à celle de 1994.

Page 39.

1. Un « conte d'hiver », c'est en anglais une histoire du coin du feu, un récit fantastique ou légendaire (soit « histoire de bonne femme », soit « conte de l'ancien temps »). Mais Mamillius, le jeune prince, dira : *A sad tale's best for winter* (pour l'hiver il vaut mieux un conte triste) et il met ainsi l'accent sur l'*hiver*, sur la pleine acception de ces quelques mots ; et l'on comprend que Shakespeare pense au conte d'hiver par excellence, celui de la vie qui meurt ou semble le faire, mais pour renaître avec le printemps.

Page 44.

2. *D'un seul chiffre, mais bien placé.* Le zéro qui décuple, par exemple.

Page 47.

3. *Vous auriez à payer pension.* Comme dans les prisons d'Angleterre à l'époque de Shakespeare.

Page 51.

4. *Petit veau lubrique.* Je sais que *wanton* a souvent (et en particulier quand il s'agit des enfants et des jeunes animaux) un sens plus faible ; mais les associations en sont toujours troubles et

mobiles, et Léonte s'interroge sur les origines de son fils et la souillure dont il est peut-être entaché. Il oppose cette réalité impure à l'« agneau innocent » dont vient de parler Polixène.

Page 95.

5. *Madame Poularde.* « Lady Margery » est d'un sens très incertain mais paraît une variante, également méprisante, de « *Dame Partlet* » que Léonte a employé quelques répliques plus tôt et qui est le nom de la poule dans la version anglaise du *Roman de Renart.*

Page 98.

6. *L'île opulente.* Shakespeare ne distingue pas entre les deux sanctuaires d'Apollon, Délos et Delphes.

Page 115.

7. *Le Clown.* C'est le fils du berger, mais la dénomination traditionnelle de « clown » met l'accent sur sa fonction dans la pièce, où son ingénuité, intermittente, introduit l'élément comique.

Page 116.

8. *J'aurais voulu vous voir.* Il n'y a pas de raison décisive pour supposer que cette réplique est un aparté.

Page 118.

9. Le style pompeux, compliqué et maladroit de ce passage a fait penser à une interpolation.

Page 122.

10. *Autolycus* était le grand-père d'Ulysse et le fils de Mercure. Homère le présente comme un voleur et ainsi fait Ovide, que Shakespeare lisait et relisait (dans la traduction de Golding).

11. *Cela m'agace les dents.* En fait, ce vers signifie sans doute, et à peu près : « les doigts m'en démangent », Autolycus s'étant spécialisé dans le vol des draps. Mais si l'on introduit cette image, l'allusion à la bière consolatrice ne peut plus être comprise.

Page 129.

12. *Cette parure inaccoutumée.* Un déguisement, évidemment inusuel dans une fête de la tondaison, et dû au prince, comme l'indique bien Perdita dès sa première réplique. Mais ce déguisement est en fait une révélation, celle de l'essence même de l'œuvre, qui est une méditation sur le mystère de l'être-au-monde : Perdita est la Flore du début de *l'avril.* Cf. aussi, plus avant, son allusion aux fêtes de Pentecôte.

Page 132.

13. *Au bras de l'un, puis de l'autre.* J. D. Wilson semble plutôt comprendre : « penchée au-dessus de l'épaule de l'invité qu'elle sert ».

Page 133.

14. *C'est l'œillet, c'est la rose d'Inde. Carnation* et *gillyvor* (*gillyflower*) sont deux variétés d'œillet, et *rose d'Inde* n'est donc qu'une approximation ; mais l'essentiel, c'est qu'il s'agit de fleurs modifiées par les horticulteurs.

Page 134.

15. *L'âcre lavande.* Il faut bien traduire *hot.* Certains éditeurs pensent qu'il faut lire *goat*, qui indique, en tant que préfixe au nom de certaines fleurs, leur variété sauvage, non cultivée.

Page 137.

16. *Je te revaudrai ça ! In good time :* tu ne perds rien pour attendre, je saisirai l'occasion de me venger.

Page 140.

17. *Une chemise.* Selon le *Oxford English Dictionary, smock,* 1 b, le mot désigne aussi la femme en général.

Page 142.

18. *Un ruban de soie.* Les femmes le portaient autour du cou.

Page 147.

19. *Des sauteurs.* Je n'ai pas su mieux traduire *saltiers*, qui est une déformation de satyre, sous l'influence de *sault*, un saut.

Page 170.

20. Tout le passage est obscur.

21. *Un faisan.* On donne diverses explications de ce passage. Peut-être les juges de l'époque étaient-ils si favorablement disposés par le cadeau de faisans qu'on a dénommé ceux-ci, par plaisanterie, des « avocats ».

Page 196.

22. *Une situation aussi renversante.* Dans son langage incertain le Clown emploie *preposterous* — « saugrenu », « insensé » — pour *prosperous* — « prospère ».

COLLECTION FOLIO THÉÂTRE

Composition Traitext.
Impression Bussière Camedan Imprimeries
à Saint-Amand (Cher),
le 3 mai 1996.
Dépôt légal : mai 1996.
Numéro d'imprimeur : 1/1106.
ISBN 2-07-039475-1./Imprimé en France.